W0345560

Vorwort und Benutzungshinweise

Nicht nur Fachsprachen wachsen in einer Zeit zunehmender Technisierung und Globalisierung explosionsartig an (man denke nur an den PC-/ DV-Bereich), auch die Ausdifferenzierung der wissenschaftlichen und praktischen Beschäftigung mit Fachkommunikation führt zu einer zunehmenden Artikel- und Bücherflut, die der einzelne kaum noch übersehen kann. Die durchaus positiv zu verstehende Vielfalt der Fachsprachenforschung mit ihren zahlreichen Anwendungsgebieten und ihren durch den Zusammenhang von Fach und Sprache gegebenen interdisziplinären und internationalen Forschungsaspekten in ihren wesentlichen Teilbereichen dennoch in übersichtlicher und nutzungsfreundlicher Form darzustellen, ist Aufgabe dieser Studienbibliographie. Sie orientiert sich an der Reihenintention, einzelne Fachgebiete bibliographisch möglichst vielseitig, aktuell und praktisch nutzbar in ihren Hauptdimensionen zu erschließen und dabei zugleich die großen Entwicklungslinien der Forschung und die wichtigen Problemfelder des Faches ansichtig werden zu lassen.

Schwerpunkt der Darstellung ist die neuere, interdisziplinär arbeitende Fachsprachenforschung, die Abgrenzung zu anderen sprachlichen Differenzierungen, die Thematisierung des zentralen Verhältnisses von Fachwissen und (Fach-) Sprache sowie die Darstellung zentraler Sprach- und Kommunikationsstrukturen (besonders im Deutschen) sowie fachsprachlicher Elemente in der Kommunikation. Dabei wird berücksichtigt, daß Fachsprachenforschung in Methoden und Ergebnissen wesentlich der Angewandten Linguistik zuzuordnen ist und Fachsprache immer in praxisbezogenen Kontexten erscheint (fachsprachliche Ausbildung, Fachübersetzung, Wissenstransfer, Terminologiearbeit, Fachlexikographie etc.).

Neben der schwerpunktmäßigen Darstellung gegenwartsbezogener Ansätze, Beschreibungen, Ergebnisse und Fragestellungen in der Fachsprachenforschung wird am Ende auch der diachrone Aspekt in ausgewählten Titeln berücksichtigt, um zu verdeutlichen, daß Fachsprachen nicht erst in der modernen Zeit erscheinen, sondern für weite Kulturkreise im Zusammenhang mit der Entwicklung und Tradierung von Fachwissen im Bereich Arbeit - Gerät - Sachwissenschaften seit frühesten Zeiten existent und von sprachprägender Bedeutung sind.

Mit dieser Zielsetzung notwendigerweise verbunden ist eine praktikable inhaltliche Systematisierung und eine entsprechende gezielte Auswahl des vorhandenen Schrifttums. Ausgangsbasis unserer Bibliographie war ein Kernbestand von rund 3500 Titeln zur ***Theorie und Praxis der Fachkommunikation*** in Europa und zu einzelnen Fachsprachen, insbesondere aus dem Bereich der deutschsprachigen Fachkommunikation. Dieser Bestand wurde – mit Mühe – soweit reduziert, daß die ausgewählten Titel nach unserer Meinung insgesamt einen geeigneten Zugang zur Fachsprachenthematik ermöglichen und ein Abbild der grundlegenden Forschungsrichtungen sowie der derzeitigen Forschungssituation ergeben.

Erfaßt werden so ***der allgemeine Charakter*** und ***die soziale Bedeutung*** sowie – fächerbezogen und fachübergreifend – ***strukturelle Merkmale*** von Fachkommunikation auf den Ebenen Laut, Wort, Satz, Text und Diskurs, dazu noch ***zentrale Anwendungsgebiete*** wie Fachübersetzung, Terminologie/ Lexikographie und Fachsprachendidaktik im mutter- und fremdsprachlichen Bereich. Hinzu kommt der ***Bereich diachroner Fachsprachenforschung***, der sich teilweise weitgehend verselbständigt hat (z.B. zum Forschungszweig „Mittelalterliche -"/ „Altdeutsche Fachliteratur"), ohne den aber ein Gesamtbild von Fachsprachen und Fachkommunikation nicht zu gewinnen ist. Da Fachsprachen nahezu alle Sachbereiche betreffen, wird eine – denkbare - Gliederung nach Fächern oder fachlichen Teilbereichen nicht vorgenommen, doch werden einzelne Fächer bzw. Fachgebiete durch Schlagwortsiglen wie „Wirtschaft", „Technik", „Medizin" usw. über das Sachregister greifbar.

Bei der Erfassung und Darstellung der relevanten Literatur zur Fachsprachenforschung wird berücksichtigt, daß in dieser Reihe bereits zwei fachsprachenorientierte Bände vorliegen. Deshalb wurden speziellere Titel zu jenen Fachsprachen, denen unter dem problematischen Konstrukt „Wissenschaftssprache" eine eigene Bibliographie (Kretzenbacher, STS 5, 1992) gewidmet ist, nicht aufgenommen. Verzeichnet wurden jedoch im Rahmen einer integrierenden fachsprachenlinguistischen Sichtweise etliche der dort für dieses Konstrukt reklamierten zentralen Fachsprachentitel und Standardwerke (teilweise in neuer Auflage) sowie neuere Veröffentlichungen zu wissenschaftlichen Fachsprachen. Dieses Auswahlverfahren gilt ebenso für rechtslinguistische Titel, die umfassend in der Bibliographie von M. Nussbaumer erfaßt sind (*Sprache und Recht*, STS 20, 1997) sowie für Arbeiten zur Diskursanalyse und Institutionensprache (Becker-Mrotzek, *Diskursforschung und Kommunikation in Institutionen*, STS 4, 1992).

Aus Platzgründen und/ oder wegen des Vorliegens entsprechender Verzeichnisse im allgemeinen nicht berücksichtigt werden historische Primärquellen (z.B. Bergbaubücher usw.), Enzyklopädien, Fachwörterbücher und fachspezifische Lehrwerke und Lehrmaterialien, Normblätter sowie Darstellungen in anderen Einzelsprachen als deutsch, französisch und englisch (zur russischen Fachsprachenforschung liegt eine umfassende Bibliographie vor).

Der bibliographische Schwerpunkt liegt auf der Publikationszeit von 1970 bis heute, doch wurden auch bewußt einige ältere, teilweise bereits ‚klassische' Titel aufgenommen (z. B. Arbeiten von A. Schirmer, E. Wüster), die für die Geschichte der (deutschsprachigen) Fachsprachenforschung von großer Relevanz sind. Weitgehend vollständig verzeichnet sind die inzwischen als Standardwerke der Fachsprachenforschung geltenden Titel.

Bei der ***Auswahl*** berücksichtigt wurden zudem folgende generell für die Reihe geltenden *Hauptkriterien*: Repräsentativität für Anwendungsgebiete oder Forschungsfelder, Publikationszeitraum und –sprache, Einführungs- und Weiterverweisungscharakter für zentrale Themen, generelle Zugänglichkeit. Das bedeutet, daß unter den als repräsentativ für Teildisziplinen und Einzelbereichen erachteten

Publikationen im allgemeinen jenen bei der Auswahl der Vorzug gegeben wurden, die möglichst aktuell, in deutscher Sprache, vermittlungsorientiert, selbständig erschienen (d.h. Monographien, Sammelbände) und leicht zugänglich sind (also z.B. nicht auf dem „grauen Markt“, in Spezialbibliotheken oder als maschinengeschriebenes Manuskript zirkulieren [wie zahlreiche Titel aus der früheren DDR]).

Konsequenterweise werden durch dieses Verfahren manchmal gegenüber einer Buchveröffentlichung leichter erreichbare und thematisch konzentrierte Zeitschriftenbeiträge sowie die durchaus interessanten, aber schwer erreichbaren Publikationen im Ausland (z.B. die fachsprachenbezogenen Beiträge mehrerer Sammelbände der „Gesellschaft für Kontrastive Linguistik Chinesisch-Deutsch“, VR China, oder die mitgliedsorientierten, fachsprachenbezogenen Veröffentlichungen des Internationalen Deutschlehrerverbands) nicht berücksichtigt. Zudem wird bei verschiedenen Veröffentlichungen eines Autors zu einem Spezialgebiet meist nur ein – entweder grundlegender oder möglichst aktueller - Beitrag verzeichnet.

Weitgehend auf seine eigentliche Bedeutung eingeschränkt verwendet wird der Begriff der „Bibliographie“, unter dem hier nur systematische bibliographische Verzeichnisse mit Sammel-, Überblicks- und Orientierungscharakter verstanden werden. Als speziellere bibliographische Hinführung zu bestimmten Teilbereichen kann jedoch ein Blick in die oft umfangreichen Literaturverzeichnisse einer Monographie immer von Nutzen sein.

Ebenso schwierig wie die zahlenmäßige Reduktion und konkrete Auswahl erwies sich auch aufgrund inhaltlicher Überschneidungen und Mehrfachadressierungen die eindeutige ***Zuordnung*** vieler Titel, die aus ökonomischen Gründen nur je einmal vollständig erscheinen, ***zu den systematischen Themenbereichen***. Thematische Verknüpfungen lassen sich indes über die Schlagwortsiglen und das Sach- und Personenregister leicht herstellen. Dies gilt auch für die Kommentierung der zahlreichen Sammelbände im Hinblick auf ihre Hauptinhalte, einmal davon abgesehen, daß immer wieder unter einem verbindenden Bandtitel thematisch äußerst disparate Beiträge zusammengestellt werden und generell die Fülle der in einer Publikation behandelten Einzelaspekte nicht registriert werden kann.

Die ***Schlagwortsiglen*** sind weitgehend selbstdeutig und so organisiert, daß auch hier aus Raumgründen und im Hinblick auf die in den Titeln gegebenen Hinweisen übergreifenden Zuordnungen der Vorzug gegeben wurde (z.B. Fachtextsorten statt Abstract, Conclusion, Zusammenfassung) und Verweise auf die jeweilige Einordnungsgruppe im allgemeinen entfallen (z.B. / Syntax / entfällt innerhalb der Titelgruppe „Syntax“ usw.). Dabei verwendete ***Abkürzungen*** sind im Sachregister aufgelöst. Im Autorenregister finden sich neben den Namen der Autoren und Herausgeber der durchnumerierten Bände auch die in der Bibliographie enthaltenen Herausgebernamen einschlägiger Handbücher, Sammelbände und Reihen.

Die im bibliographischen Teil verwendeten Abkürzungen entsprechen den wissenschaftlichen Gepflogenheiten, wie sie u.a. folgendes Werk verzeichnet:

August Bangen: Die schriftliche Form germanistischer Arbeiten. (= Sammlung Metzler 13). 9. Aufl. 1990, Stuttgart (Metzler).

Zusätzlich werden folgende Abkürzungen verwendet:

DaF	Deutsch als Fremdsprache
DNS	Die Neueren Sprachen
FFF	Forum für Fachsprachen-Forschung
FuH	Fremdsprachen und Hochschule
RGL	Reihe Germanistische Linguistik
IITF	Internationales Institut für Terminologieforschung (Wien)
LSP	Languages for Special Purposes
RGL	Reihe Germanistische Linguistik
TBL	Tübinger Beiträge zur Linguistik
UTB	Uni-Taschenbücher

Abschließend sei daran erinnert, daß diese Basisbibliographie auch computergerecht auf Diskette vorliegt und dort je nach Bedarf erweitert werden kann.

Für ihre Mithilfe beim Beschaffen der Literatur – jeder Titel wurde am Original überprüft – sowie bei der Manuskripterstellung danke ich vor allem Agnieszka Sibilak. Udo Lakemper hat Korrektur gelesen und diverse technische Hilfen geleistet. Dank gebührt auch dem Reihenherausgeber für detaillierte Verbesserungsvorschläge und Korrekturhinweise.

Bochum, im August 1998 H.-R. Fluck

Inhaltsverzeichnis

C. Register

A. Fachsprachen und Fachkommunikation: Zur Einführung

1. Fachkommunikation und Sprachwissenschaft

Wissenschaftliches und öffentliches Interesse an der Funktion und Vielfalt der Fachsprachen und Fachkommunikation zwischen Wissenschaft und Praxis ist eine neuere Erscheinung, die in Europa um 1900 mit dem Aufkommen der *Wörter- und Sachen*-Forschung (HELLER ⇨ 1004), und später mit der funktionalstilistischen Sprachbetrachtung (*Prager Schule*) und dem damit verknüpften Aufkommen der sogenannten Wirtschaftslinguistik in den 30er Jahren in Verbindung zu bringen ist (MESSING ⇨ 617). Bereits damals erweist sich Fachsprachenforschung– wie überwiegend heute noch – als (Teil-)Gebiet einer „Angewandten Linguistik“, die neben Gesamtdarstellungen und Einzeldarstellungen insbesondere zur Fachlexik von Beginn an auch auf konkrete Anwendungsmöglichkeiten und praktische Verwertbarkeit ihrer Ergebnisse abzielt (z.B. Fachübersetzung und fachbezogene Fremdsprachenausbildung), sofern sie sich nicht vorwiegend mit der historischen Entwicklung der Fachsprachen beschäftigt (Kap.10, z.B. EIS ⇨ 1002).

Von der primären Beschreibung und Darstellung der Fachlexik und Terminologie und der Auffassung von Fachsprache als Funktionalstil hat sich die gegenwartsbezogene Fachsprachenforschung, die in Deutschland wie in anderen europäischen Ländern verstärkt erst seit etwa 1970 betrieben wurde, inzwischen weiterentwickelt zur Fachtextlinguistik, Fachtextpragmatik und – auch interkulturellen – Fachkommunikationsforschung (FLUCK 1996 ⇨ 105). Alle diese Ansätze sind interdisziplinär und anwendungsorientiert konzipiert und sehen ihren Gegenstand im „Kommunikationsmittel Fachsprache“ (HOFFMANN 1976/85 ⇨ 137), einem zwar immer noch funktionalen, aber in Frequenz und Verwendungsweise der sprachlichen Mittel von der Gemeinsprache deutlich unterschiedenen Typ des fachbezogenen Sprachgebrauchs. Sie berücksichtigen neben der lange Zeit dominierenden schriftlichen nun auch verstärkt die mündliche Fachkommunikation, insbesondere im Rahmen der an die Gesprächs- und Diskursanalyse anknüpfenden Untersuchungen im Bereich Fachsprachen und Institutionen. So haben etwa EHLICH (⇨ 119) und REHBEIN (⇨ 350) gegenüber der eher systemlinguistisch ausgerichteten ‚traditionellen‘ Fachsprachenforschung (sprach-)handlungstheoretische Ansätze propagiert, die durch die Zusammenhänge zwischen beruflichem und institutionellem Handeln bestimmt sind und somit das zuvor wenig beachtete Verhältnis zwischen Sprache – Fach – Beruf - Institution und sein spezifisches Bedingungsgefüge in den Blick rücken.

Diese und darüber hinausgehende Erweiterungen des Spektrums der Forschungsansätze und Zweckorientierungen zeigen u.a. die in den Tagungspublikationen der seit 1977 zweijährlich stattfindenden Europäischen Fachsprachen-

Symposien (zuerst 1977 Wien, zuletzt 1997 Copenhagen ⇨ 145, 1999 Bozen) greifbaren Ergebnisse und Entwicklungstendenzen, orientierende Darstellungen und Grundlagenwerke, eine stattliche Anzahl von thematischen Sammelbänden (⇨ Kap.1.3) sowie die Beiträge in den einschlägigen Fachzeitschriften (⇨ Kap. 1.4.2). Eine umfassende sprach- und fächerübergreifende Darstellung des Objektbereichs Fachsprachen von den Anfängen bis zur Gegenwart und weithin auch eine Summe aus den bisherigen Forschungsbemühungen der Fachsprachenlinguistik und Terminologiewissenschaft zu ziehen, unternimmt der Doppelband *Fachsprachen* (HOFFMANN u.a. 1998 ⇨ 138). Daneben zielen die Bandherausgeber auch darauf ab, die bisherige Forschungsarbeit kritisch einzuschätzen und Anregungen und konzeptionelle Perspektiven für die künftige Forschung zu vermitteln (auch durch reichhaltige und zumeist sorgfältig ausgewählte bibliographische Angaben am Ende jedes Artikels).

2. Neuere Forschungsansätze und Anwendungskontexte

Fachsprachenforschung und Fachsprachenpraxis heute umfaßt bzw. tangiert vor allem alle Formen beruflicher und institutioneller Kommunikation in ihrer Funktionalität und Interaktionalität und die Wissenschafts- und Praxisbereiche Terminologiewissenschaft, Textlinguistik und Diskursanalyse, Fachlexikographie, Übersetzen und Dolmetschen, Sprachplanung und Sprachpolitik, fachbezogene Sprachausbildung und jede Form der Wissensvermittlung.

Methodologisch etabliert haben sich in diesem Spektrum der neueren Fachsprachenforschung in Deutschland inzwischen mehrere, teilweise konkurrierende oder sich ergänzende Ansätze (vor allem ein terminologisch-informationswissenschaftlicher ⇨ Kap. 8, ein textlinguistischer und/ oder textpragmatischer ⇨ Kap. 3.4, 5.2 sowie eine diskursanalytischer Ansatz ⇨ Kap. 3.5, die objektbezogen häufig sprach- und/ oder kulturkontrastiv angelegt sind).

Durch ihren Forschungsgegenstand „(Sach-) Fach und Sprache“ ist Fachsprachenforschung notwendigerweise auf interdisziplinäre Zusammenarbeit angewiesen, sowohl mit Nachbardisziplinen (wie z.B. Soziolinguistik oder Lexikographie), als auch mit den jeweiligen Sachfächern, da nur aus einer (relativen) Kenntnis des Untersuchungsgegenstandes heraus zutreffende Beschreibungs- und Erklärungsmöglichkeiten bestehen. In diesem Zusammenhang stehen auch andauernde Bemühungen zur Klärung der ‚Axiomatik‘ der Fachsprachenforschung, d.h. zum Umgang mit Fach und Fachlichkeit und Fachwissen/ Fachinformation (⇨ Kap. 5 u. 8).

Standen in der germanistisch-linguistisch orientierten Fachsprachenforschung seit 1960 zunächst statistische und sprachkontrastive (intra- und interlinguale) Analysen im lexikosyntaktischen Bereich im Vordergrund des Forschungsinteresses, so hat sich seit der mit anderen sprachwissenschaftlichen Disziplinen vollzogenen „kommunikativ-pragmatischen Wende“ in den 70er Jahren das Forschungsinteresse von den Systemeigenschaften auf die funktionsbezogene Verwendung der „Sprache im Fach" hin verlagert. Die in den Jahren zuvor vieldiskutierte Frage nach dem Wesen der Fachsprachen und der Abgrenzung von Fach- und Gemeinsprache (auch: Standardsprache), die schon SCHIRMER (1913 ⇨ 127) beschäftigte, verlor dadurch ebenso an Bedeutung wie die Frage nach der Binnendifferenzierung der Fachkommunikation. An ihre Stelle traten auf einer höheren Ebene integrative (textuelle) Konzepte zur Fachkommunikation und die Konstruktion von pragmatisch orientierten (Fach-) Textsortentypologien, die den gegenstands-, situations- und sprachhandlungsbezogenen Dimensionen von Fachsprachen und Fachkommunikation besser entsprechen. Solche Konzepte bzw. fächerspezifischen Textsortentypologien wurde u.a. von GLÄSER (1990 ⇨ 330) und GÖPFERICH (1995 ⇨ 721) vorgelegt. Trotz bestimmter Unzulänglichkeiten – Texttypologien werden dem konkreten Textexemplar fast nie gerecht - sind solche Modelle eine nützliche Hilfe für die vergleichende Fachtextforschung und auch für die Fachsprachendidaktik. Auf diesem Gebiet sind noch längst nicht alle Möglichkeiten ausgeschöpft, wie die theoretische Begründung und Propagierung von sogenannten Minilekten durch NORDMAN (⇨ 335) zeigt.

3. Fachlichkeit, Fachsprache, Fachtext

Immer geht es dabei, sowohl bei den theoretischen Fragestellungen wie bei den empirischen Zugriffen und Befunden, um jene primär funktionsbestimmte Sprach- bzw. Text-/ Diskursvarianten, die sich in von der Alltagskommunikation abweichenden sach-, fach-, und berufsbezogenen Verständigungs- und Vermittlungsituationen und spezifisch ausgebildeten Kommunikationsweisen beim Zugriff auf und bei der Darstellung von Fachinformation sowie beim Wissenstransfer manifestieren.

In der Folge führte dieser Richtungswechsel zu einer Fach*text*linguistik, die den „Fachtext-in-Funktion" als Untersuchungsgegenstand sah. Inzwischen hat die textbezogene Fachsprachforschung zahlreiche Analysen und Beschreibungen von Fachtextsorten geliefert, mit auch fachsprachendidaktischer und übersetzungsbezogener Relevanz.

Einzelergebnisse dieser Forschungsrichtungen finden sich u.a. in Dissertationen, Monographien und in fachsprachenlinguistischen Publikationsreihen wie *Forum für Fachsprachen-Forschung* (1985ff ⇨ 161), *Leipziger Fachsprachen-Studien* (1990ff ⇨ 165) oder *Hamburger Arbeiten zur Fachsprachenforschung* (1992ff ⇨ 162) sowie in der Zeitschrift *Fachsprache* (1979ff. ⇨ 165). Diese Arbeiten zeigen insgesamt, daß text- und pragmalinguistische Fragestellungen nicht für alle Kommunikationsbereiche eines Faches gleich beantwortet werden können, sondern mit einer Vielzahl an Kommunikationsbeziehungen und -situationen, Textsorten, Handlungsebenen und spezifischen Handlungsmustern und gedanklichen Gliederungen zu rechnen ist, – in wiederum spezifisch ausgeprägten Mikro- und Makrostrukturen.

Aus diesen kommunikativ-textuellen Zusammenhängen ergeben sich über die primär linguistische Analyse hinaus auf die Beziehung Fach-/ Alltagskommunikation zielende forschungsrelevante Fragestellungen wie z.B. Fragen nach der Fach- und Fachsprachlichkeit von Textsorten, nach der Relevanz übergreifender, textsortenbestimmender Beziehungsebenen wie Interdisziplinarität, Intertextualität oder Interaktionalität sowie nach der Wirkung einzelner Textspezifika und Textstrategien im Hinblick auf optimale Verständlichkeit (KALVERKÄMPER/ BAUMANN 1996 ⇨ 333).

Obwohl die hier nur umrißhaft beschriebene Fach*text*linguistik pragmatisch orientiert ist und vielfältige Methoden verwendet, finden sich innovative Ansätze in den 90er-Jahren eher in Beiträgen zur Erforschung der Fachkommunikation, die primär situations- und handlungsbezogen angelegt sind und mit der bereits erwähnten institutionenbezogenen Diskurs- und Gesprächsanalyse in Verbindung stehen (z.B. BRÜNNER 1987 ⇨ 345, BUSSE 1992 ⇨ 516). Dabei geht es nicht in erster Linie um Fach- und Fachsprachlichkeit in Fachtexten - der Begriff *Fachsprache* taucht in den Untersuchungen zum Teil gar nicht auf -, sondern um die Analyse von Interaktionen, Kommunikationsabläufen und Kommunikationskonflikten im Rahmen von Institutionen (z.B. Kommunikation im Gericht, Krankenhaus, Industriebetrieb, Sozialamt usw.), in denen Fachlichkeit meist auch in der Begegnung zwischen Experten und Laien vorhanden ist. Anstelle der restringierten Betrachtung des Fachtextes in Funktion tritt die Untersuchung von (Fach)Sprache in (institutioneller) Aktion aufgrund sprachsoziologischer Hintergrund- und Gesamtanalysen und damit verstärkt auch der lange vernachlässigte Einbezug mündlicher Fachkommunikation (⇨ 632; 929) und des Wissenstransfers.

4. Fachinformation, Verständlichkeit, Institutionen, Wissenstransfer

Die Komplexität und die besonderen Schwierigkeiten der Verwendung institutioneller Fachsprachen haben nicht nur zu einer kritischen Sicht der Institutionensprachen und zur Entwicklung entsprechender Kommunikationsberatung geführt, sondern auch dazu, daß für verschiedene Bereiche wie „Medienkommunikation" und „Technische Kommunikation" neue Berufsbilder (Wissenschaftsjournalist, Technischer Redakteur u.a.) entstanden sind und spezielle Studiengänge und Ausbildungskomponenten für diese Bereiche konzipiert wurden (KRINGS 1996 ⇨ 528). Damit in Zusammenhang steht neben der anwachsende Diskussion über Fragen der verständlichen und effektiven Gestaltung fachlicher Texte (Textoptimierung, auch von Bildtexten) die generellere nach der verständlichen Gestaltung des politisch besonders relevanten und sensiblen Bereichs „Informationstransfer zwischen Fachleuten und Laien" (Sachbuch-, Wissenschaftsjournalismus). Aktuell ist dabei die Hinwendung zu semiotischen und kognitionspsychologischen Fragen des Textverstehens und der Textverständlichkeit in der Fachkommunikation, die eng mit Fragen des Wissenstransfers und der sogenannten Wissensklufttheorie in den Massenmedien zusammenhängt (⇨ Kap. 2.2; 5.2; 5.3). Dabei ist allerdings zu bedenken, daß Fachlichkeit bei weitem nicht in allen Fällen inhaltlich und sprachlich so reduziert werden kann, daß ‚Allgemeinverständlichkeit' eintritt, auch nicht bei professioneller Vermittlung. Dennoch müssen von Seiten der Fachsprachenforschung in den nächsten Jahren weitere Konzepte zur verständlichen Darstellung von Fachwissen und zum Informationstransfer entwickelt werden, die auch die Herstellung einer aktiven Rezipientenhaltung mit einbeziehen.

5. Praxisfelder: Terminologiearbeit, Fachübersetzung und Fachsprachendidaktik

Während Computerfachsprachen neue sprachliche Entwicklungen vorgeben, gewinnt die Fachsprachenlinguistik neue Perspektiven zur Zeit vor allem durch den zunehmenden Einsatz von Multimedia. Dies gilt z.B. im Hinblick auf die Darstellung und den Einsatz von Terminologiewerkzeugen in Übersetzung und Technischer Dokumentation sowie bei der Erstellung von fachsprachlichen Textcorpora und Terminologiedatenbanken, die neben genaueren textsortenbezogenen Frequenz- und Gebrauchsanalysen auch neue sprach- und übersetzungsdidaktische Möglichkeiten eröffnen (wie die semantische Analyse von Kollokationen, die Vereinfachung von Routineübersetzungen durch die Erarbeitung und Nutzung von Textbausteinen und – allgemein - die Informationsrecherche, ⇨ Kap. 7.2; 8).

Einen starken Aufschwung genommen hat seit der mit dem Namen Eugen WÜSTER verknüpften Ausbreitung internationaler Sprach- bzw. Terminologienormung (1931 ⇨ 820) die Entwicklung und Ausarbeitung einer systematischen Terminologiewissenschaft und Terminologielehre, die u.a. schwerpunktmäßig an der Handelshochschule in Kopenhagen und am österreichischen Normungsinstitut Infoterm angesiedelt sind. Der äußerst wichtige Bereich fachsprachlicher Lexikographie, von der Fachsprachenforschung durch die Hinwendung zum Fachtext vorübergehend etwas vernachlässigt, gewinnt dagegen erst langsam wieder Konturen und Forschungsperspektiven (⇨ Kap. 4.1)

Im Vordergrund des Interesses der Fachsprachenforschung standen vor etwa 1970 die Natur- und Geisteswissenschaften, zur Zeit sind es verstärkt die Wirtschaftskommunikation in ihren verschiedenen Ausprägungen, aber auch einzelne Kommunikationsbereiche wie Datenverarbeitung (Technische Kommunikation) oder Medizin, Recht und Verwaltung (vor allem in der Verwendung von Institutionensprachen) finden gesteigerte Aufmerksamkeit.

Als eine spezifische Form des Informationstransfers lassen sich Fachübersetzung und Dolmetschen darstellen (⇨ Kap. 7.2), die große praktische Bedeutung haben. Hier sind durch die wachsenden Bedeutung von Fachübersetzungen im Zusammenhang mit der immer schnelleren Umschlaggeschwindigkeit von Wissen neue Arbeitstechniken, Ausbildungsinhalte und -methoden zu registrieren wie z.B. die Auseinandersetzung mit Textsortenkonventionen und Dokumentationstechniken. Gleiches gilt – mit ständig wachsendem internationalem Normungsbewußtsein und Normungsbestreben im Hinblick auf die Globalisierung von Wirtschaft, Wissenschaft und Technik – für die Terminologieausbildung, die häufig in Sprachmittler- und Dokumentar-Ausbildungsprogramme integriert ist (⇨ Kap. 9.3.3).

Ein seit dem Beginn fachsprachlicher Forschungsarbeit wichtiges Praxisfeld der Fachsprachenforschung ist schließlich die Fachsprachendidaktik (⇨ Kap. 9), neben der muttersprachlichen Fachunterweisung insbesondere die Vermittlung von fachbezogenen Sprachkenntnissen und -fertigkeiten in einer Fremdsprache. Zu beiden Bereichen liegt eine kaum übersehbare Zahl von Einzeldarstellungen wie Unterrichtskonzepte und Praxisberichte vor, dazu einige wenige Handbücher und Gesamtdarstellungen (⇨ 901-904). Dies hängt mit der speziellen Konstellation des fachsprachenunterrichtlichen Bedingungsgefüges zusammen, die durch Merkmale wie extreme Adressatenspezifik und Diversifikation der Kurse und Lehr-/ Lernmaterialien gekennzeichnet ist, wenngleich allmählich anstelle weiterer inhaltlicher und fertigkeitsorientierter Auffächerung z.B. im fachbezogenen DaF-Unterricht die Vermittlung einer gezielt integrativ angelegten fachkommunikativen und auch interkulturellen Kompetenz tritt. Entwicklungslinien einer solchen bedarfsorientierten Fachsprachenvermittlung verdeutlicht z.B. in ihrer ersten Ausgabe die neubegründete Zeitschrift *Wirtschaftsdeutsch International* (1.1998ff. ⇨ 169), die sich der Theorie und Praxis deutschsprachiger Wirtschaftskommunikation im interkulturellen Kontext widmet.

6. Perspektiven

Die Fachsprachenforschung ist also – zusammengefaßt – heute u.a. in der Lage mit computerlesbaren Textcorpora zu arbeiten, neuartige Möglichkeiten des Zugriffs auf Informationen sowie der Text- und Informationsverarbeitung zu nutzen und auf diese Weise zu versuchen, die Vielzahl an Termini, Datenquellen, Textsorten, Adressaten- und Kommunikationsdifferenzierung im fachsprachlichen Bereich zu systematisieren.

Die Konsequenzen der Nutzung dieser neuen Informations- und Kommunikationsmöglichkeiten, einschließlich weltweiter elektronischer Vernetzung, lassen sich für die weitere Entwicklung von Fachsprachen und Fachkommunikation sowie des Wissenstransfers bisher jedoch noch kaum abschätzen. Es ist aber zu erwarten, daß mit Hilfe der skizzierten neuen Konzeptionen und unter Ausnutzung der neuen technologischen Möglichkeiten die Fachsprachenlinguistik in Theorie und Praxis weit schneller tiefgreifendere Ergebnisse erzielen kann als dies noch vor wenigen Jahren oder gar Jahrzehnten angenommen werden konnte.

B. Bibliographischer Teil

1 Forschungsstand und Forschungsaktivitäten

1.1. Bibliographien

101 BARTH, Erhard 1971: Fachsprache. Eine Bibliographie. In: Germanistische Linguistik 3, 209-363. [mit Fächerdifferenzierung].
Def / Funktionalstil / Sprachwiss

102 BIERBAUMER, Peter / BURKERT, Anja [1997]: Englisch als Fachsprache. Kommentierte Bibliographie. (= Fachsprache, Sonderheft 2). Wien (Braumüller).
Fachsprdidaktik / Fachwb / Lehrmat / Medizin / Naturwiss / Recht / Technik / Wirtsch

103 BIRKENMAIER, Willy / MOHL, Irene 1990: Bibliographie zur russischen Fachsprache. (= FFF 12). Tübingen (Narr).
Fachkomm / Fachlexikograph / Fachstil / Fachtextsort / Fachübers / Fachwb / Systemeigensch

104 DRESSLER, Stephan 1994: Bibliographie der Medizinwörterbücher. In: ⇨ 402, 171-279. [ein- und mehrsprachige Wb. versch. Sprachen(paare)].
diachr Fachsprforsch / Fachwb / Medizin / Interkult / Pharmazie / Veterinärmedizin / Zahnmedizin

105 FLUCK, Hans-R. 1996[5] : Fachsprachen. Einführung und Bibliographie. (= Uni-Taschenbücher 483). Tübingen, Basel (Francke), 283-346. [mit umfassender, 1996 aktual. systematischer Auswahlbibliographie, 1. Aufl. 1976 München (Francke)].
Def / Entwickltend / Fachlexik / Fachtext / Forschgesch / Pragmatik / Syntax / Terminologienorm

106 VON HAHN, Walther 1979: Fachsprachen im Niederdeutschen. Eine bibliographische Sammlung. (= Bibliographien z. dt. Literatur des Mittelalters, Beiheft 1). Berlin (Schmidt).
Berufskomm / Dialekt / Fachlexik / Fachwb / Volkskunde

107 VON HAHN, Walther: Auswahlbibliographie (1970-1978) (1981): In: ⇨ 136, 373-396.
Forschgesch

108 HOFFMANN, Lothar 1998: Bibliographie der Bibliographien zur Fachsprachenforschung und Terminologiewissenschaft. In: ⇨ 138, Bd. 14.2, Kap. XXIX, Artikel 273. [verzeichnet ca. 400 Bibliographien und Literaturverzeichnisse in Monographien, Sammelbänden etc., dazu sonstige Listen und Schriften sowie themenbezogene Periodika].
Fachkomm / Fachsprdidaktik / Fachübers / Terminologie

109 KLEINE BIBLIOGRAPHIE FACHSPRACHLICHER UNTERSUCHUNGEN 1976: In: ⇨ 137, 419-493. [Fortsetzungen von Karin Leube u.a., in: Fachsprache 1.1979 ff., als Manuskriptfassungen auch zugänglich in der Deutschen Bibliothek Frankfurt a. M. und Leipzig (Deutsche Bücherei)].
Biblio / Def / Fachübers / Fach- u. Gemeinspr / Fachsprdidaktik / Sprachstatistik / Systemeigensch / Terminologie

110 KRETZENBACHER, Heinz L. 1992: Wissenschaftssprache. (= Studienbibliographien Sprachwissenschaft 5). Heidelberg (Groos).
Def / Fachlexik / Fachstil / Fachtext / Syntax / Wissensch / Wissenstransf

111 LÜKING, Silke 1994: Bibliographie zur Fachsprache der Medizin. In: ⇨ 402, 281-301.
Fachsprdidaktik / Fachkomm / Fachwb / Forschgesch / Institution / Medizin

112 NUSSBAUMER, Markus 1997: Sprache und Recht. (= Studienbibliographien Sprachwissenschaft 20). Heidelberg (Groos).
Fachkomm / Fachsprdidaktik / Fachstil / Institution / mündl Fachkomm / Recht / Systemeigensch / Textversteh / Wissenstransf

113 ROBINSON, Pauline C. 1991: Bibliography. In: P. C. Robinson: ESP Today: A Practitioner's Guide. Hemel Hempstead (Prentice Hall International, U.K.), 107-143.
Bedarfsanalyse / engl. / Fachsprdidaktik / Fachsprlehrer / Unterrichtsmeth / Wirtsch / Wissensch

114 SCHRÖDER, Hartmut 1991: Linguistic and Text-theoretical Research on Languages for Special Purposes. A thematic and bibliographical guide. In: ⇨ 343, 1-48.
Fachtextling / Forschgesch / Forschungs / Forschmeth / Interkult

115 YZERMANN, Norbert / BEIER, Rudolf 1989: Bibliographie zum fachsprachlichen Fremdsprachenunterricht. (= DNS-Dokumentation 1). Frankfurt a. M. (Diesterweg). [zugleich: Augsburger I & I-Schriften 52].
DaF / engl. / Fachsprdidaktik / franz.

1.2. Forschungsberichte und Handbuchartikel

116 BERGENHOLTZ, Henning / ENGBERG, Jan 1995: Schwerpunkte der neueren Fachsprachenforschung in Dänemark. In: Fachsprache 17, 1-2, 55-62.
Biblio / Fachlexikograph / Fachtextling / Fachübers

117 BRAUNÖHLER, Petra 1987: Pragmatische Ansätze der Fachsprachenforschung in der deutschen Demokratischen Republik und in der Bundesrepublik Deutschland. In: Clemens Knobloch (Hg.): Fachsprache und Wissenschaftssprache. (= Siegener Studien 42). Essen (Die Blaue Eule), 9-34.
Fachtextling / Forschgesch / Funktionalstil / Sprhandeln

118 CAVAGNOLI, Stefania 1997: Italienisch als Fachsprache. Anmerkungen zum Stand der italienischen Forschung. In: Fachsprache 19, 1-2, 52-59.
Def / Fachlexik / Fachtext / Syntax / ital.

119 EHLICH, Konrad 1992: Language in the Professions: Text and Discourse. In: ⇨ 520, 9-29.
Diskursan / Fachkomm / Fachtextpragm

120 VON HAHN, Walther: Fachsprachen 1980[2]. In: Hans Peter Althaus u.a. (Hgg.): Lexikon der Germanistischen Linguistik. Tübingen (Niemeyer), 390-395. [1. Aufl. 1973, 283-286].
Binnendifferenz / Def / Fachlexik / Syntax

121 HOFFMANN, Lothar / KALVERKÄMPER, Hartwig 1998: Forschungsdesiderate und aktuelle Entwicklungstendenzen in der Fachsprachenforschung. In: ⇨ 138, Bd. 14.1, 355-372.
Anwendkontext / Fachkomm / Fachsprdidaktik

122 KALVERKÄMPER, Hartwig 1987: Vom Terminus zum Text. In: ⇨ 152, 39-78.
Biblio / Def / Fachkomm / Fachtextling / Fachtextsort / Forschgesch / Wissenschaftsspr / Wissenstransf

123 KALVERKÄMPER, Hartwig 1996: Im Zentrum der Interessen: Fachkommunikation als Leitgröße. In: Hermes, Journal of Linguistics no. 16, 117- 176.
Fachkomm / Fachlichkeit / Fachtextsort / Interkult / Forschmeth / Textversteh

124 MÖHN, Dieter 1980: Zum Fortgang der germanistischen Fachsprachenforschung in den 70er Jahren. In: Zeitschr. für Germanistische Linguistik 8.3, 352-369.
Entwickltend / Forschgesch

125 OESER, Erhard / PICHT, Heribert 1998: Terminologieforschung in Europa: ein historischer Überblick. In: ⇨ 138, Bd. 14.1, 341-347.
Forschgesch / Terminologiearb / Terminologiewiss

126 ROBINSON, Pauline C. 1994: ESP - English for Specified People - A View of ESP Today. In: ⇨ 151, 33-40.
engl. / Fachsprdidaktik / Wirtsch / Wissensch

127 SCHIRMER, Alfred 1913: Die Erforschung der deutschen Sondersprachen. In: Germanisch-Romanische Monatsschrift 5, 1-22. [Wiederabdruck. In: ⇨ 136, 15-39].
Berufskomm / Fachlexik / Forschgesch

128 SCHMITT, Christian 1992: Spanisch: Fachsprachen. Tecnolectos. In: Günter Holtus / Michael Metzeltin / Christian Schmitt (Hgg.): Lexikon der Romanischen Linguistik VI, 1. Tübingen (Niemeyer), 295-327.
Def / Fachsprdidaktik / Fachübers / Fach- u. Gemeinspr / Terminologienorm / Binnendifferenz / Systemeigensch

1.3. Einführungen, Gesamtdarstellungen, (orientierende) Sammelbände

129 BEIER, Rudolf 1980: Englische Fachsprache. Stuttgart (Kohlhammer).
Def / Entwickltend / Fachlexik / Fachsprdidaktik / Syntax

130 BIRKENMAIER, Willi 1991: Russisch als Fachsprache. (= UTB 1606). Tübingen (Francke).
Biblio / Fachtextsort / Fehlerlinguistik / russ. / Systemeigensch

131 BUDIN, Gerhard (Hg.) 1996: Multilingualism in Specialist Communication. Proceedings of the 10th European LSP Symposium, Vienna, 29. Aug. – 1. Sept., 1995. 2 Bde. (= IITF, Infoterm). Wien (Internat. Network of Terminology, TermNet).
Diskursan / Fachlexikograph / Fachsprdidaktik / Fachsprtheorie / Fachtextsort / Fachübers / Forschmeth / Multimedia / Technolekte / Terminologie / Wissenschaftsspr

132 CORTELAZZO, Michele A. 1994²: Lingue speciali. La dimensione verticale. (= Studi Linguistici Applicati). Padova (Unipress) [prima edizione Padova (Uni-

1990]. [enthält vier bereits an anderen Stellen veröffentlichte, aber neu durchgesehene und ergänzte Beiträge sowie Gesamtbibliographie und Index].
Biblio / Binnendifferenz / Fachsprdidaktik / Fachkomm / ital. / Wissenschaftsspr

133 DROZD, L.[ubomir] / SEIBICKE, W.[ilfried] 1973: Deutsche Fach- und Wissenschaftssprache. Bestandsaufnahme - Theorie - Geschichte. Wiesbaden (Brandstetter).
Biblio / Binnendifferenz / Def / Entwickltend / Fachlexik / Forschgesch / Funktionalstil / Morphosyntax / Terminologiewiss / Wissenschaftsspr

134 GNUTZMANN, Claus / TURNER, John (Hgg.) 1980: Fachsprachen und ihre Anwendung. (= TBL 144). Tübingen (Narr). [mit umfassender Bibliographie: The Teaching of Foreign Languages for Special Purposes, 119-176].
Biblio / Def / Fachjargon / Fachsprdidaktik / Semantik / Terminologie

135 VON HAHN, Walther 1983: Fachkommunikation. Entwicklung, Linguistische Konzepte, Betriebliche Beispiele. (= Sammlung Göschen 2223). Berlin, New York (de Gruyter).
Biblio / Binnendifferenz / Entwickltend / Fachlexik / Fachsprtheorie / Fachtextpragm / Syntax

136 VON HAHN, Walther (Hg.) 1981: Fachsprachen. Darmstadt (Wissenschaftliche Buchgesellschaft).
Biblio / Def / Fachlexik / Fachübers / Forschgesch / Landwirtschaft / Recht / Syntax / Technik / Terminologienorm

137 HOFFMANN, Lothar 1976: Kommunikationsmittel Fachsprache. Eine Einführung. (= Sammlung Akademie Verlag 44. Sprache). Berlin (Akademie-Verlag). [2. völlig neu bearb. Aufl. 1985, Tübingen (Narr) (= FFF 1)].
Biblio / Fachkomm / Fachsprtheorie / Funktionalstil / Sprachstatistik / Systemeigensch

138 HOFFMANN, Lothar / KALVERKÄMPER, Hartwig / WIEGAND, Herbert Ernst in Verbindung mit Galinski, Christian und Hüllen, Werner (Hgg.) 1998: Fachsprachen - Languages for Special Purposes. Ein Internationales Handbuch zur Fachsprachenforschung und Terminologiewissenschaft. An International Handbook for Special Languages and Terminology Research. (= Handbücher zur Sprach- und Literaturwissenschaft 14). Berlin, New York (de Gruyter). [zwei Halbbände 14.1, 14.2 , umfassendes Nachschlagewerk].
Biblio / Def / diachr Fachsprforsch / engl. / Entwickltend / Fachkomm / Fachlexikograph / Fachsprdidaktik / Fachtextsort / Fachübers / Forschgesch / franz. / Interkult / Systemeigensch / Terminologiewiss

139 ICKLER, Theodor 1997: Die Disziplinierung der Sprache. Fachsprachen in unserer Zeit. (= FFF 33). Tübingen (Narr).
Def / Fachlexik / Fachlichkeit / Fachtextpragm / Geisteswiss / Metaphorik / Syntax / Wissenstransf

140 KOCOUREK, Rostislav 1991[2]: La langue française de la technique et de la science. Vers une linguistique de la langue savante. Wiesbaden (Brandstetter). [erw. u. verb. Aufl., mit Bibliographie, 238-288; 1. Aufl. 1982].
Biblio / Def / Entwickltend / Fachlexik / Fachübers / Naturwiss / Syntax / Technolekte

141 LAURÉN, Christer 1993: Fackspråk. Form, innehåll, funktion. Lund (Studentlitteratur).

Anwendkontext / Def / Fachkomm / Forschgesch / Forschmeth / Systemeigensch / Technolekte / Terminologiearb

142 LAURÉN, Christer / NORDMAN, Marianne (Hgg.) 1989: From Office to School. Special language and Internalisation. Clevedon, Philadelphia (Multilingual Matters) [Papers presented at the 6th European Symposium on LSP at the University of Vaasa, Aug. 3rd-7th, 1987].
Fachsprdidaktik / Fachübers / Recht / Technolekte / Verwaltung

143 LAURÉN, Christer / NORDMAN, Marianne (Hgg.) 1989: Special Language. From Human Thinkings to Thinking Machines. Clevedon, Philadelphia (Multilingual Matters) [Papers presented at the 6th European Symposium on LSP at the University of Vaasa, Aug. 3rd-7th, 1987].
Fachlexik / Fachsprdidaktik / Fachsprtheorie / Fachtextsort / Medizin / Multimedia / Recht / Technolekte / Terminologie / Wirtschskomm

144 LERAT, Pierre 1995: Les langues spécialisées. (= Linguistique Nouvelle). Paris (Presses Universitaires de France).
Anwendkontext / Biblio / Def / Fachkomm / Semiotik / Systemeigensch / Terminologie

145 LUNDQUIST, Lita / PICHT, Heribert / QVISTGAARD, Jacques (Hrsg.) 1998: Proceedings of the 11th European Symposium on Language for Special Purposes. LSP – Identity and Interface Research, Knowledge and Society. Copenhagen, August 1997. Vol I, II. Copenhagen (Copenhagen Business School) [Faculty of Modern Languages, Centre for Terminology, LSP Centre].
Fachkomm / Fachsprdidaktik / Fachsprtheorie / Fachübers / franz. / Medizin / Recht / russ. / span. / Technik / Terminologie / Unterrichtsmeth / Visualisierung / Wirtschskomm / Wissensch

146 MÖHN, Dieter / PELKA, Roland 1984: Fachsprachen. Eine Einführung. (= Germanistische Arbeitshefte 30). Tübingen (Niemeyer).
Anwendkontext / Biblio / Binnendifferenz / Dialekt / Def / Fachkomm / Fachlexik / Fachtext / Funktionalstil / Medizin / Sport / Sprachgesch / Syntax / Technik / Wissenstransf

147 OKSAAR, Els 1988: Fachsprachliche Dimensionen. (= FFF 4). Tübingen (Narr). [versammelt 14 forschungsrelevante Beitr. d. Verf. 1956-1983].
Fachkomm / Fachlexik / Fachstil / Interkult / Medizin / Politik / Recht / Verwaltung / Wissenstransf

148 RICHART, José Rodriguez / THOME, Gisela / WILSS, Wolfram (Hgg.) 1982: Fachsprachenforschung und –lehre: Schwerpunkt Spanisch; Int. Kolloquium an der Universität des Saarlandes, 6.-8. Nov. 1980. (= TBL 177). Tübingen (Narr).
Fachtextpragm / Fachübers / Forschgesch / Pädagogik / span. / Sprachvergleich / Terminologiearb / Wirtsch

149 SAGER, Juan C. / DUNGWORTH, David / MCDONALD, Peter F. 1980: English Special Languages. Principles and practice in science and technology. Wiesbaden (Brandstetter). [Bibliographie mit dem Schwerpunkt auf englischsprachiger Fachkommunikation, 344-363].
Biblio / engl. / Fachkomm / Fachlexik / Fachsprtheorie / Fachtextsort / Forschgesch / Interferenz / Syntax / Terminologiearb

150 SCHLIEBEN-LANGE, Brigitte / KREUZER, Helmut (Hgg.) 1983: Fachsprache und Fachliteratur. Göttingen (Vandenhoeck & Ruprecht) [= Themenheft der Zeitschr. f. Literaturwissenschaft und Linguistik/ LiLi 13, 51/52].
diachr Fachsprforsch / Fachkomm / Fachprosa / Fachsprtheorie / Fachtextling / Fachtextvergleich / Forschgesch / Medien / Naturwiss / Recht / Wissenstransf

151 SPILLNER, Bernd (Hg.) 1994: Fachkommunikation. Kongreßbeiträge zur 24. Jahrestagung der Gesellschaft für Angewandte Linguistik GAL e.V. (= Forum Angewandte Linguistik 27). Frankfurt a. M. u.a. (Lang).
Ernährung / Fachinformation / Fachkomm / Fachlexik / Fachsprdidaktik / Fachtextsort / Fachübers / Fachtextvergleich / Geisteswiss / Kunst / Medizin / Pädagogik / Terminologiearb / Wissenstransf

152 SPRISSLER, Manfred (Hg.) 1987: Standpunkte der Fachsprachenforschung. (= Forum Angewandte Linguistik 11). Tübingen (Narr).
Begriffssystematik / Fachsprdidaktik / Fachsprtheorie / Fachtextling / Forschgesch

1.4 Publikationsreihen und Zeitschriften (Auswahl)

1.4.1 Reihen

153 ARK/ COPENHAGEN WORKING PAPERS IN LSP. Copenhagen (Copenhagen Business School) 1. 1979 ff.

154 BEITRÄGE ZUR WIRTSCHAFTSKOMMUNIKATION. Veröffentlichungen des <Arbeitsbereich Unternehmenskommunikation> (ARBUK): Germanisches Seminar der Universität Hamburg, hrsg. von Theo Bungarten. Tostedt (Attikon) 1991 ff. [Bd. 2, 1991, Bd.1, 1994].

155 FACHSPRACHE, FREMDSPRACHE, MUTTERSPRACHE. Schriftenreihe der Sektion Angewandte Sprachwissenschaft und des Instituts für Deutsche Fachsprache an der Technischen Universität Dresden. Dresden 1. 1985 ff.

156 FORUM FÜR FACHSPRACHEN-FORSCHUNG (FFF), hrsg. von Hartwig Kalverkämper. Tübingen (Narr) 1. 1985 ff.

157 HAMBURGER ARBEITEN ZUR FACHSPRACHENFORSCHUNG (HAFF), hrsg. von Theo Bungarten, Tostedt (Attikon) 1. 1992 ff.

158 IITF-SERIES. Wien (TermNet/ International Network for Terminology) 1. 1992 ff.

159 KOMMUNIKATION UND INSTITUTION. Tübingen (Narr) 1. 1980 ff.

160 LEIPZIGER FACHSPRACHEN-STUDIEN, hrsg. von Rosemarie Gläser, Frankfurt a. M. u.a. (Lang) 1. 1991 ff

161 TECHNICAL WRITING. Beiträge zur Technikdokumentation in Forschung, Ausbildung und Industrie, hrsg. Von Friedrich Knilli, Gabriele Bock, Claus Noack. Frankfurt a.M. u.a. (Lang) 1. 1993 ff.

162 TEFA. TEXT- OCH FACKSPRÅKSSTUDIER. Uppsala (Uppsala Universitet) 1. 1992 ff. [Adr.: Text- och Fackspråksstudier, Box 1834, 751 84 Uppsala].

1.4.2 Zeitschriften

163 ENGLISH FOR SPECIFIC PURPOSES. An International Journal of English for Specific Purposes. New York u.a. (Pergamon Press) 1. 1982 ff. [auch online unter www.elsevier.nl/locate/esp/; früher: The ESP J(ournal)].

164 FACHSPRACHE. Internationale Zeitschrift für Fachsprachenforschung, -didaktik und Terminologie. Wien (Braumüller) 1. 1979 ff.

165 LEBENDE SPRACHEN. Zeitschrift für fremde Sprachen in Wissenschaft und Praxis, zugleich Fachblatt des Bundesverbandes der Dolmetscher und Übersetzer e.V. (BDÜ), Berlin (Langenscheidt) 1. 1955 ff.

166 NORDISK TIDSSKRIFT FOR FAGSPROG OG TERMINOLOGIE. Nordic Journal of LSP and Terminology. Frederiksberg u.a. 1. 1983 ff.

167 TERMINOLOGIE & TRADUCTION, Luxembourg (Office des Publications officielles) 1. 1985 ff.

168 UNESCO-ALSED LSP-NEWSLETTER. Copenhagen (The Copenhagen Business School) 1. 1977 ff.

169 WIRTSCHAFTSDEUTSCH INTERNATIONAL. Zeitschrift für sprachliche und interkulturelle Wirtschaftskommunikation. Waldsteinberg (H. Popp) 1. 1998 ff.

2 Allgemeiner Charakter und gesellschaftliche Bedeutung

2.1 Definitionen und Abgrenzungsversuche, Beiträge zur Fachsprachentheorie

201 BAUMANN, Klaus-Dieter 1994: Fachlichkeit von Texten. (= Deutsche Hochschulschriften 1023). Egelsbach, Frankfurt a. M., Washington (Hänsel-Hohenhausen).
engl. / Fachlichkeit / Fachsprdidaktik / Fachtextan / Fachtextsort / Fachstil / Forschmeth / Historiographie / Sprachwiss / Psychologie / russ.

202 BUNGARTEN, Theo (Hg.) 1993: Fachsprachentheorie. Bd.1, Fachsprachliche Terminologie, Begriffs- und Sachsysteme, Methodologie. Bd.2, Konzeptionen und theoretische Richtungen. Tostedt (Attikon).
Def / diachr Fachsprforsch / Diskursan / Fachtextsort / Forschmeth / Minilekt / Recht / Sprachtheorie / Technik / Terminologie / Wirtsch / Wissensch

203 GARDT, Andreas 1998: Sprachtheoretische Grundlagen und Tendenzen der Fachsprachenforschung. In: Zeitschr. f. Germanistische Linguistik 26, 1, 31- 66.
Def / Exaktheit / Fachlichkeit / Forschgesch / Kognition

204 GIPPER, Helmut 1971: Zur Problematik der Fachsprachen. Ein Beitrag aus sprachwissenschaftlicher Sicht. In: Helmut Gipper: Denken ohne Sprache? Düsseldorf (Schwann), 108-123.
Begriffssystematik / Def / Fachsprtheorie / Textversteh / Wissenstransf

205 HARTMANN, Dietrich 1980: Über den Einfluß von Fachsprachen auf die Gemeinsprache. Semantische und variationstheoretische Überlegungen zu einem wenig erforschten Zusammenhang. In: ⇨ 134, 27-48.

Def / Fachlexik / Forschmeth / Textversteh

206 HOFFMANN, Lothar 1988: Vom Fachwort zum Fachtext. Beiträge zur angewandten Linguistik. (= FFF 5). Tübingen (Narr).
Biblio / Fachlexik / Fachsprdidaktik / Fachtextan / Fachtextsort / Sprachstatistik / Terminologie

207 KALVERKÄMPER, Hartwig 1978: Die Problematik von Fachsprache und Gemeinsprache. In: Sprachwissenschaft 3, 4, 406-444.
Fachkomm / Fachlexik / Fachlexikograph / Pragmatik / Semantik / Wissenschaftssprache

208 MENTRUP, Wolfgang (Hg.) 1979: Fachsprachen und Gemeinsprache. Jahrbuch des Instituts für deutsche Sprache 1978. (= Sprache der Gegenwart 46). Düsseldorf (Schwann).
Binnendifferenz / Def / Fachkomm / Fachlexik / Kommkonflikt / Medien / Medizin / Recht / Syntax / Terminologienorm / Wirtsch

209 MÖHN, Dieter 1968: Fach- und Gemeinsprache. Zur Emanzipation und Isolation der Sprache. In: Wortgeographie und Gesellschaft. Festschrift für L.E. Schmitt, hrsg. von Walther Mitzka. Berlin (de Gruyter), 315-348 [Wiederabdruck in: ⇨ 136, 172-217].
Binnendifferenz / Def / Entwickltend / Fachlexik / Fach- u. Gemeinspr / Forschgesch

210 OPITZ, Kurt 1982: LSP versus Common Language: The muddle of definiens and definiendum. In: Jørgen Høedt / Lita Lundquist / Heribert Picht / Jacques Qvistgaard (Hgg.): Pragmatics and LSP. Proceedings of th 3rd European Symposium on LSP, Copenhagen August 1981. Copenhagen (The Copenhagen School of Economics), 185-198.
Def / Fachkomm

211 PETÖFI, János S. / PODLECH, Adalbert / SAVIGNY, Eike von (Hgg.) 1975: Fachsprache – Umgangssprache. Wissenschaftstheoretische und linguistische Aspekte der Problematik, sprachliche Aspekte der Jurisprudenz und der Theologie, maschinelle Textverarbeitung. (= Wissenschaftstheorie u. Grundlagenforschung 4). Kronberg/Ts. (Scriptor).
Def / Fachsprtheorie / Fachtext / Recht / Theologie / Wissenstransf

212 REDARD, F. / WYLER, S.[iegfried] (Hgg.) 1987: Fachsprache als System, Fachsprache als Gebrauchstext. Actes du symposium de la Commission interuniversitaire suisse de linguistique appliquée. Saint-Gall, 10-11 mars 1986. (= Numéro spécial Bulletin CILA, Organe de la Commission interuniversitaire suisse de linguistique appliquée; 45). Neuchâtel.
Def / Fachsprdidaktik / Fachtextsort / Fachübers / Terminologienorm

213 STEGER, Hugo 1988: Erscheinungsformen der deutschen Sprache. «Alltagssprache» - «Fachsprache», - «Standardsprache» - «Dialekt» und andere Gliederungstermini. In: Deutsche Sprache 16, 289-319.
Def / Systemeigensch

2.2 Fachwissen – Sprache – Gesellschaft

214 AMMON, Ulrich 1998: Ist Deutsch noch internationale Wissenschaftssprache? Englisch auch für die Lehre an den deutschsprachigen Hochschulen. Berlin (de Gruyter).
engl. / Kommkonflikt / Pragmatik / Wissenstransf / Fachsprdidaktik

215 BUNGARTEN, Theo (Hg.) 1992: Beiträge zur Fachsprachenforschung: Sprache in Wissenschaft und Technik, Wirtschaft und Rechtswesen. (= Hamburger Arbeiten zur Fachsprachenforschung 1).
Anwendkontext / Fachjargon / Fachlexik / Fachtext / Fachübers / Kontrastivling / Metaphorik / Morphosyntax / Recht / Technik / Textversteh / Wirtsch

216 BUNGARTEN, Theo (Hg.) 1988: Sprache und Information in Wirtschaft und Gesellschaft. Referate eines internationalen Kongresses, zugleich der XI. Jahrestagung der internationalen Vereinigung „Sprache und Wirtschaft“ e.V., 30. Sept. – 3. Okt. 1985 Congress Centrum Hamburg. Tostedt (Attikon).
Anwendkontext / Berufskomm / Fachsprdidaktik / Fachtext / Fachübers / Informationsverarbeitung / Interkult / Technolekte / Terminologie / Wissenstransf

217 CAPURRO, Rafael 1986: Hermeneutik der Fachinformation. (= Alber-Broschur Philosophie). Freiburg, München (K. Alber).
Bibliothekswesen / Fachkomm / Informationsverarbeitung / Medien

218 DÖRNER, Andreas / VOGT, Ludgera (Hgg.) 1995: Sprache des Parlaments und Semiotik der Demokratie. Studien zur politischen Kommunikation in der Moderne. (= Sprache, Politik, Öffentlichkeit 6). Berlin, New York (de Gruyter).
Fachkomm / Fachtextan / Semiotik / Terminologie / Wissenstransf

219 DRESSLER, Wolfgang U. / WODAK, Ruth (Hgg.) 1989: Fachsprache und Kommunikation. Experten im sprachlichen Umgang mit Laien. Wien (Österreichischer Bundesverlag).
Buchhandel / engl. / Fachjargon / Fachtextsort / Kommkonflikt / Medizin / Metaphorik / Politik / Recht / Terminologie / Textversteh / Wissenschaftsspr

220 MÖHN, Dieter 1975: Sprachliche Sozialisation und Kommunikation in der Industriegesellschaft. Objekte der fachsprachlichen Linguistik. In: Muttersprache 85, 3, 169-185.
Def / Fach- u. Gemeinspr / Fachkomm / Fachlexik / Morphosyntax / Terminologienorm / Wissenstransf

221 WICHTER, Sigurd 1994: Experten- und Laienwortschätze. Umriß einer Lexikologie der Vertikalität. (= RGL 144). Tübingen (Niemeyer).
Binnendifferenz / Fach- u. Gemeinspr / Fachlexik / Fachwissen / Forschmeth / Semantik / Wissenstransf

3 Strukturelle Merkmale (Systemeigenschaften)

3.1 Phonetik/ Phonologie

301 DOMIŃCZAK, Henryk 1997: Probleme der Fachsprache im praktischen Unterricht Deutsch als Fremdsprache. Grundfragen – Konzepte – Methoden. (= Werkstattreihe DaF 55). Frankfurt a. M. u.a. (Lang).
DaF / Fachsprdidaktik / Unterrichtsmeth / Übungsformen

302 KELZ, Heinrich P. 1996: Fachsprache und Gemeinsprache: Unterschiede und Merkmale ihrer lautlichen Realisierung – ein vernachlässigter Aspekt der Fachsprachenforschung. In: ⇨ 509, 11-19.
Fachtextsort / mündl Fachkomm

3.2 Lexik/ Semantik

303 BRAND, Kaspar 1995: Gänsefüßchen und Elefantenrüssel. Zur Metaphorik in der Fachsprache des Schriftsetzer. In: Fachsprache 17,1-2, 2-16.
Druckgewerbe / Entwickltend / Fachlexik / Semantik

304 ERK, Heinrich 1972: Zur Lexik wissenschaftlicher Fachtexte. Verben – Frequenz und Verwendungsweise. (= Schriften der Arbeitsstelle für wissenschaftliche Didaktik des Goethe-Instituts 4). München (Hueber). [erster von insgesamt drei Bänden mit rechnersortiertem Wortmaterial].
Fachsprdidaktik / Forschmeth / Sprachstatistik

305 GLÄSER, Rosemarie (Hg.) 1996: Eigennamen in der Fachkommunikation. (= Leipziger Fachsprachen-Studien 12). Frankfurt a. M. u.a. (Lang).
Chemie / engl. / Esperanto / franz. / Geographie / Medizin / Morphosyntax / Nomenklatur / Physik / polnisch / Technik / Terminologie

306 HELLER, Klaus 1970: Der Wortschatz unter dem Aspekt des Fachwortes. Versuch einer Systematik. In: Wiss. Zeitschr. d. Karl-Marx-Universität Leipzig. Ges.-Sprachw. Reihe 19, 531-544. [Wiederabdruck in: ⇨ 136, 218-238].
Binnendifferenz / Fach- u. Gemeinspr / Morphosyntax

307 JAHR, Silke 1993: Das Fachwort in der kognitiven und sprachlichen Repräsentation. (= Allg. Literatur- und Sprachwissenschaft 1). Essen (Die Blaue Eule).
Fachbegriff / Fachlexik / Fachtext / Fachwissen / Kognition / Semantik / Wissenstransf

308 KREMER, Robert 1995: Die Werkzeugbezeichnungen im Italienischen. Bonn (Romanistischer Verlag).
Fachlexikograph / ital. / Morphosyntax / Semantik / Sprachgesch / Terminologie

309 NIKULA, Henrik 1992: Zur Beziehung zwischen fachsprachlicher und gemeinsprachlicher Bedeutung im Wörterbuch. In: Marianne Nordman (Hg.): Fachsprachliche Miniaturen. Festschr. f. Christer Laurén. (= Nordeurop. Beitr. aus d. Human- u. Gesellsch.wissenschaften 2). Frankfurt a. M. u.a. (Lang), 15-31.
engl. / Fachtextan / finnisch / Semantik / Sprachtheorie / Philosophie / Recht / Technik / Terminologie

310 ROELCKE, Thorsten 1995: Fachwortkonzeption und Fachwortgebrauch. Hintergründe einer Diskrepanz zwischen Sprachwissenschaft und Sprachwirklichkeit. In: Zeitschr. f. deutsche Philologie 114, 3, 394-409.
Def / Fachkomm / Fachlexik / Forschgesch / Kognition / Pragmatik / Sprachtheorie

311 SCHRÄDER, Alfons 1991: Fach- und Gemeinsprache in der Kraftfahrzeugtechnik. Studien zum Wortschatz. (= Germanistische Arbeiten zu Sprache und Kulturgeschichte 21). Frankfurt a. M. u.a. (Lang).
Fachkomm / Fachwissen / Pragmatik / Semantik / Technik / Wissenstransf

312 STEUDEL-GÜNTHER, Andrea 1995: Analogie und Paraphrase in Fach- und Gemeinsprache. Modalitäten der Wort- und Terminologieschöpfung. (= Abhandlungen zur Sprache und Literatur 81). Bonn (Romanistischer Verlag).
Fachlexik / Metaphorik / Naturwiss / Technik / Wissenstransf / Morphosyntax

3.3 Morphosyntax/ Syntax

313 BAUMGARTNER, Peter 1995: Englische Verben und ihre substantivischen Partner in der technischen Kommunikation. Eine Korpusanalyse amerikanischer Fachzeitschriftenaufsätze. (= Europäische Hochschulschriften Reihe 14, 288). Frankfurt a. M. u.a. (Lang).
engl. / Fachsprdidaktik / Fachtextsort / Fachübers / Kollokation / Sprachstatistik / Technik

314 CHEN, Shing-lung 1995: Pragmatik des Passivs in chemischer Fachkommunikation. Empirische Analyse von Labordiskursen, Versuchsanleitungen, Vorlesungen und Lehrwerken. (= Arbeiten zur Sprachanalyse 23). Frankfurt a. M. u.a. (Lang).
Chemie / Diskursan / Fachtextan / Fachtextsort / Wissenstransf

315 DEDERDING, Hans-Martin 1982: Wortbildung, Syntax, Text. Nominalkomposita und entsprechende syntaktische Strukturen in deutschen Patent- und Auslegeschriften. (= Erlanger Studien 34). Erlangen (Palm & Enke).
Fachtextsort / Recht

316 JÄRVENTAUSTA, Marja / SCHRÖDER, Hartmut 1997: Nominalstil und Fachkommunikation. Analyse komplexer Nominalphrasen in deutsch- und finnischsprachigen philologischen Texten. (= Werkstattreihe DaF 54). Frankfurt a. M. u.a. (Lang).
DaF / Fachsprdidaktik / Fachstil / finnisch / Forschmeth / Kontrastivling

317 KISSIG, Brunhilde 1995: Fachsprachliche Wortgruppen in englischen und deutschen Texten der Mikroprozessortechnik. (= Leipziger Fachsprachen-Studien 8). Frankfurt a. M. u.a. (Lang).
DaF / engl. / Fachkomm / Fachlexik / Fachsprdidaktik / Kollokation / Korpusan

318 KUNTZ, Helmut 1979: Zur textsortenmäßigen Binnendifferenzierung des Fachs Kraftfahrzeugtechnik. Eine syntaktische Analyse mittels valenzspezifischer Muster insbesondere im Bereich der Satzbaupläne. (= Göppinger Arbeiten zur Germanistik 261). Göppingen (Kümmerle).
Binnendifferenz / Fachtextsort / Korpusan / Technik

319 LITTMANN, Günther 1981: Fachsprachliche Syntax. Zur Theorie und Praxis syntaxbezogener Sprachvariantenforschung. (= Hamburger philologische Studien 52). Hamburg (Buske)
Fachstil / Forschmeth / Korpusan / Sprachstatistik / Technik

320 MÜLLER, Renate 1993: Phraseologismen in englischen Fachtexten der Humanmedizin. (= Leipziger Fachsprachen-Studien 6). Frankfurt a. M. u.a. (Lang).
Anwendkontext / engl. / Fachlexik / Fachtextsort / Kollokation / Medizin / Zeitschriftenart

321 OHNACKER, Klaus 1992: Die Syntax der Fachsprache Wirtschaft im Unterricht Deutsch als Fremdsprache. (= Werkstattreihe DaF 39). Frankfurt a. M. u.a. (Lang). [zugl.: Weingarten, PH Diss., 1992].
Binnendifferenz / Def / DaF / Fachsprdidaktik / Forschgesch / Unterrichtsmeth / Wirtsch

322 REINHARDT, Werner / KÖHLER, Claus / NEUBERT, Gunter 1992[3]: Deutsche Fachsprache der Technik. (= Studien zu Sprache und Technik 3). Hildesheim, Zürich, New York (Olms). [neubearb. Aufl., 1. Aufl. Leipzig 1975 (VEB Enzyklopädie Leipzig)].
Fachstil / Morphosyntax / Technolekte / Terminologie

323 REINHARDT, Werner 1983: Fachsprachliches Wortbildungsminimum und «Fachlichkeit» von Texten. In: Fachsprache 5, 1, 2-11.
Fachkomm / Fachlichkeit / Fachsprdidaktik / Sprachstatistik / Technik

324 STEIN, Achim 1993: Nominalgruppen in Patentschriften. Komposita und prädikative Nominalisierungen im deutsch-französischen Vergleich. (= Linguistische Arbeiten 303). Tübingen (Niemeyer).
Fachtextsort / Fachübers / franz. / Interferenz / Kontrastivling / Recht

325 TINNEFELD, Thomas 1993: Die Syntax des «Journal officiel». Eine Analyse der Fachsprache des Rechts und der Verwaltung im Gegenwartsfranzösischen. (= FuH 13). Bochum (AKS-Verlag).
Binnendifferenz / Fach- u. Gemeinspr / Fachtextsort / franz. / Korpusan / Recht / Verwaltung

326 ZHU, Jianhua 1987: Morphologie, Semantik und Funktion fachsprachlicher Komposita – untersucht an Fachtexten der Silikattechnik. (= Sammlung Groos 31). Heidelberg (Groos).
Fachlexik / Fachlichkeit / Fachtext / Semantik / Technik

3.4 Text/ Textsorten

327 BUSCH-LAUER, Ines-Andrea / FIEDLER, Sabine / RUGE, Marion (Hgg.) 1995: Texte als Gegenstand linguistischer Forschung und Vermittlung. Festschr. für Rosemarie Gläser. (= Leipziger Fachsprachen-Studien 10). Frankfurt a. M. u.a. (Lang).
engl. / Esperanto / Fachkomm / Fachlexik / Fachsprdidaktik / Fachtextsort / Fachübers / franz. / griechisch / Literaturwiss / Medizin / mündl Fachkomm / Publizistik / Technik

328 EHLICH, Konrad / NOACK, Claus / SCHEITER, Susanne (Hgg.) 1994: Instruktion durch Text und Diskurs. Zur Linguistik «Technischer Texte». Opladen (Westdeutscher Verlag).

Bedienungsanleitung / Interaktion / technisches Schreiben / Terminologienorm / Textversteh / Wissenstransf

329 FRILLING, Sabine 1995: Textsorten in juristischen Fachzeitschriften. (= Internationale Hochschulschriften 138). Münster, New York (Waxmann) [zugl.: Münster (Westfalen), Univ., Diss 1994].
Fachtextan / Fachtextsort / Zeitschriftenart / Forschmeth / Recht / Semiotik

330 GLÄSER, Rosemarie 1990: Fachtextsorten im Englischen. (= FFF 13). Tübingen (Narr).
Binnendifferenz / engl. / Fachkomm / Fachstil / Fachtextan

331 JAHR, Silke 1996: Das Verstehen von Fachtexten. Rezeption – Kognition – Applikation. (= FFF 34). Tübingen (Narr).
Fachinformation / Fachsprdidaktik / Fachtextling / Psychologie / Textversteh / Wissenstransf

332 JAKOBS, Eva-Maria / KNORR, Dagmar / MOLITOR-LÜBBERT, Sylvie (Hgg.) 1995: Wissenschaftliche Textproduktion. Mit und ohne Computer. Frankfurt a. M. u.a. (Lang).
Fachstil / Forschmeth / Multimedia

333 KALVERKÄMPER, Hartwig / BAUMANN, Klaus-Dieter (Hgg.) 1996: Fachliche Textsorten. Komponenten - Relationen - Strategien. (= FFF 25). Tübingen (Narr).
Bedienungsanleitung / diachr Fachsprforsch / engl. / Fachlexik / Fachlichkeit / Fachsprdidaktik / Fachtextsort / Fachübers / franz. / Interkult / Minilekt / russ. / Wissenstransf

334 KRESTA, Ronald 1995: Realisierungsformen der Interpersonalität in vier linguistischen Fachtextsorten des Englischen und Deutschen. (= Theorie und Vermittlung der Sprache 24). Frankfurt a. M. u.a. (Lang).
engl. / Fachstil / Fachtextsort / Kontrastivling / Korpusan / Morphosyntax / Pragmatik

335 LAURÉN, Christer / NORDMAN, Marianne 1996: Wissenschaftliche Technolekte. (= Nordeurop. Beitr. aus d. Human- u. Gesellsch.-Wiss. 10). Frankfurt a. M. (Lang).
Def / Fachstil / Fachtextan / Fachtextsort / Forschungssituation / Kontrastivling / Metaphorik / Minilekt / schwedisch / Technolekte /

336 MILLER, Thomas 1998: Visual Persuasion: A comparison of Visuals in Academic Texts and the Popular Press. In: English for Specific Purposes 17.1, 29-46.
Fachtext / Kontrastivling / Rhetorik / Fachtextpragm / Visualisierung

337 MONTEIRO, Maria / RÖSLER, Dietmar 1993: Eine Vorlesung ist nicht nur eine Vor-Lesung: Überlegungen zur Beschreibung eines kommunikativen Ereignisses in der Lehre an der Hochschule. In: Fachsprache 15, 1-2, 54-67.
DaF / Fachsprdidaktik / Forschmeth / Ingenieurwiss / mündl Fachkomm

338 OLDENBURG, Hermann 1992: Angewandte Fachtextlinguistik. „Conclusions“ und Zusammenfassungen. (= FFF 17). Tübingen (Narr).
engl. / Fachsprdidaktik / Fachtextling / Fachtextvergleich / Forschmeth / Zeitschriftenart

339 RANDOW, Elise von 1992: Verständlichkeit als Problem sozialwissenschaftlicher, insbesondere soziologischer Fachtexte. In: ⇨ 215, 140-151.
Def / Fachlexik / Fachtextan / Sozialwiss / Textversteh / Wissenstransf

340 SCHELLENBERG, Wilhelm (Hg.) 1994: Untersuchungen zur Strategie der Sprachgestaltung ausgewählter Fachtextsorten aus Gegenwart und Neuzeit. (= Hamburger Arbeiten zur Fachsprachenforschung 2). Tostedt (Attikon).
diachr Fachsprforsch / Fachtextan / Fachwb / Lehrmat / Morphosyntax / Semantik

341 SCHMATZER, Hannes 1995: Multidimensionale und integrative Untersuchungen komplexer Fachtexte am Beispiel ausgewählter Jahresberichte US-amerikanischer börsennotierter Industrieaktiengesellschaften. Wien (Braumüller).
Biblio / engl. / Fachtextan / Fachtextsort / Semiotik / Wirtsch

342 SCHRÖDER, Hartmut (Hg.) 1993: Fachtextpragmatik. (= FFF 19). Tübingen (Narr).
engl. / Fachlichkeit / Fachsprdidaktik / Fachtextsort / finnisch / Forschmeth / Kontrastivling / mündl Fachkomm / schwedisch / Semantik / Semiotik

343 SCHRÖDER, Hartmut (Hg.) 1991: Subject-oriented Texts. Languages for Special Purposes and Text Theory. (= Research in Text Theory 16). Berlin, New York (de Gruyter).
Fachsprtheorie / Fachtextsort / Interkult / Kontrastivling / Semantik

344 SCHULDT, Janina 1992: Den Patienten informieren. Beipackzettel von Medikamenten. (= FFF 15). Tübingen (Narr).
Anwendkontext / Fachkomm / Fachstil / Fachtextsort / Medizin / Textversteh / Wissenstransf

3.5 Diskurs

345 BRÜNNER, Gisela 1987: Kommunikation in institutionellen Lehr-Lern-Prozessen. Diskursanalytische Untersuchungen zu Instruktionen in der betrieblichen Ausbildung. Tübingen (Narr).
Bergbau / Berufskomm / Fachinformation / Fachsprdidaktik / Interaktion / mündl Fachkomm

346 GOODRICH, Peter 1990: Legal Discourse. Studies in Linguistics, Rhetoric and Legal Analysis. London (Macmillan Press Ltd.). [1. Aufl. 1987, Reprint 1990].
Anwendkontext / Diskursan / engl. / Kommkonflikt / mündl Fachkomm / Recht / Rhetorik

347 HOFFMANN, Ludger (Hg.) 1989: Rechtsdiskurse. Untersuchungen zur Kommunikation in Gerichtsverfahren. (= Kommunikation in Institutionen 11). Tübingen (Narr).
Biblio / Diskursan / Institution / Interaktion / mündl Fachkomm / niederl. / Textversteh

348 LALOUSCHEK, Johanna 1995: Ärztliche Gesprächsausbildung. Eine diskursanalytische Studie zu Formen des ärztlichen Gesprächs. Opladen (Westdeutscher Verlag).
Diskursan / Fachsprdidaktik / Forschmeth / Interaktion / Kommkonflikt / Medizin / Sprachnorm / Wissenstransf

349 LÖNING, Petra / REHBEIN, Jochen (Hgg.) 1993: Arzt-Patienten-Kommunikation. Analysen zu interdisziplinären Problemen des medizinischen Diskurses. Berlin, New York (de Gruyter).
Diskursan / Fachdidaktik / Fachinformation / Kommkonflikt / Sprhandeln / Visualisierung / Wissenstransf

350 REHBEIN, Jochen 1998: Die Verwendung von Institutionensprache in Ämtern und Behörden. In: ⇨ 138, Bd. 14.1, 660-675.
Biblio / Fachstil / Fachtextsort / mündl Fachkomm / Sprhandeln / Verwaltung

351 SELTING, Margret 1987: Verständigungsprobleme. Eine empirische Analyse am Beispiel der Bürger-Verwaltungs-Kommunikation. (= Linguistische Arbeiten 181). Tübingen (Niemeyer).
Diskursan / Forschmeth / Kommkonflikt / Textversteh / Verwaltung / Wissenstransf

4 Fachlexikographie

4.1 Forschungsstand, Beschreibungen, Theorie

401 BERGENHOLTZ, Henning 1995: Wodurch unterscheidet sich Fachlexikographie von Terminographie? In: Lexicographica 11, 50-59.
Fachsprtheorie / Fachwb / Terminologie

402 DRESSLER, Stephan / SCHAEDER, Burkhard (Hgg.) 1994: Wörterbücher der Medizin. Beiträge zur Fachlexikographie. (= Lexicographica. Series Maior 55). Tübingen (Niemeyer).
Anwendkontext / Biblio / Fachkomm / Fachtextsort / Fachwort / Medizin / Texttypologie

403 NIELSEN, Sandro 1994: The bilingual LSP Dictionary. Principles and Practice for Legal Language. (= FFF 24). Tübingen (Narr).
dän. / engl. / Fachlexikograph / Fachtextsort / Fachübers

404 SCHAEDER, Burkhard / BERGENHOLTZ, Henning (Hgg.) 1994: Fachlexikographie. Die Darstellung fachlichen Wissens in Wörterbüchern. (= FFF 23). Tübingen (Narr).
Fachinformation / Fach- u. Gemeinspr / Fachtextsort / Korpusan / Morphosyntax / Semantik / Terminologie / Wissenstransf

405 SCHNEIDER, Franz 1998: Studien zur kontextuellen Fachlexikographie. Das deutsch-französische Fachwörterbuch der Rechnungslegung. Tübingen: Niemeyer (Lexicographica. Series Maior 83).
Fachlichkeit / Fachtextsort / Fach- u. Gemeinspr / Kollokation / Kulturspezifik

406 WIEGAND, Herbert Ernst 1988: Was eigentlich ist Fachlexikographie? Mit Hinweisen zum Verhältnis von sprachlichem und enzyklopädischem Wissen. In: Horst Haider Munske u.a. (Hgg.): Deutscher Wortschatz. Lexikologische Studien. L. E. Schmitt zum 80. Geburtstag von seinen Marburger Schülern. Berlin, New York (de Gruyter), 729-790.
Fachtextsort / Fachwissen / Forschmeth

4.2 Lexikographische Methoden, Mikro- und Makrostrukturen

407 KEMPCKE, Günter 1989: Probleme der Beschreibung fachsprachlicher Lexik im allgemeinen einsprachigen Wörterbuch. In: Wörterbücher. Dictionaries. Dictionnaires. Ein internationales Handbuch zur Lexikographie, hrsg. von Franz Josef Hausmann u.a., 1. Teilband, Berlin, New York (de Gruyter), 842-849.
Binnendifferenz / Def / Fachlexik / Fachstil / Fachtextsort

408 OPITZ, Kurt 1990: Formen und Probleme der Datenerhebung III. Fachwörterbücher. In: Wörterbücher. Dictionaries. Dictionnaires. Ein internationales Handbuch zur Lexikographie, hrsg. von Franz Josef Hausmann u.a., 2. Teilband, Berlin, New York (de Gruyter), 1625-1631.
Anwendkontext / Fachtextsort / Forschmeth

409 SCHAEDER, Burkhard (Hg.) 1994: Fachsprachen und Fachkommunikation in Forschung, Lehre und beruflicher Praxis. (= Siegener Studien 54). Essen (Die Blaue Eule).
Anwendkontext / Computereinsatz / engl. / Fachlexik / Fachsprdidaktik / Fachtextling / Forschmeth / franz. / Ingenieurwiss / Interkult / Wirtsch

410 SCHAEDER, Burkhard 1996: Wörterbuchartikel als Fachtexte. In: ⇨ 333, 100-124.
Fachinformation / Fachtextsort / Pragmatik

411 VENN, Ursula 1992: Neoklassizismus. Kritik und Vorschläge zur Fachlexikographie der Musik. In: Gregor Meder / Andreas Dörner (Hgg.): Worte, Wörter, Wörterbücher. Lexikographische Beiträge zum Essener Linguistischen Kolloquium. (= Lexicographica. Series Maior 42). Tübingen (Niemeyer), 183-194.
Fachlexik / Fachtextvergleich / Musik / Semantik

5 Fachkommunikation und Pragmatik

5.1 Fachstile

501 BALAZS, János 1976: Fragen des Stils und der Sprachkultur der ungarischen Fach- und Wissenschaftssprache. In: Sborník. Terminologická Studie 6, 35-55. [Jahrb. d. Fak. f. Agrarökonomik d. Hochschule f. Landwirtschaft in Prag].
Fachlexik / Forschgesch / Fachwb / Funktionalstil

502 BENEŠ, Eduard 1973: Die sprachliche Kondensation im heutigen deutschen Fachstil. In: Linguistische Studien III. Festgabe für Paul Grebe zum 65. Geburtstag. (= Sprache der Gegenwart 23). Düsseldorf (Schwann), 40-50.
Funktionalstil / Sprachökonomie / Syntax

503 CORT, Josef de 1983: Fachsprache und Stil. Ein Überblick. In: Jahrbuch für Internationale Germanistik 15, 2, 40-52.
Anwendkontext / Forschgesch / Forschmeth

504 GLÄSER, Rosemarie 1998: Fachsprachen und Funktionalstile. In: ⇨ 138, Bd. 14.1, 199-208.
Biblio / Def / Forschgesch / Wirtsch

505 GRABOWSKI, Martina 1992: Fachsprache und Funktionalstil. Ihr Zusammenwirken, demonstriert am Beispiel russischer Fachtexte des Außenhandels. (= Beiträge zur Slawistik 19). Frankfurt a. M. u.a. (Lang).
Fachstil / Fachtextsort / russ. / Systemeigensch / Wirtsch

506 KÖHLER, Claus 1980: Syntaktisch-stilistische Besonderheiten deutscher naturwissenschaftlich-technischer Fachtexte. In: Gunter Neubert (Hg.): Textgattungen der

Technik. Praktische Hinweise für den Übersetzer. Berlin (VdS [Vereinigung der Sprachmittler der DDR]), 9-28.
Fachlichkeit / Morphosyntax / Technik

507 KRETZENBACHER, Heinz L. 1991/92: Zur Linguistik und Stilistik des wissenschaftlichen Fachworts [(1)/ (2)]. In: DaF 28, 195-201 und 29, 38-46.
Binnendifferenz / Fachlexik / Semantik / Sprachtheorie / Terminologie

508 SCHWANZER, Viliam 1981: Syntaktisch-stilistische Universalia in den wissenschaftlichen Fachsprachen. In: Theo Bungarten (Hg.): Wissenschaftssprache. München (Fink), 213-230.
Entpersönlichung / Funktionalstil / Morphosyntax / Sprachökonomie / Fachtextsort

509 SPILLNER, Bernd (Hg.) 1996: Stil in Fachsprachen. (= Studien zur Allgemeinen und Romanischen Sprachwissenschaft 2). Frankfurt a. M. u.a. (Lang).
Fachlexik / Fachstil / Forschgesch / Forschmeth / Metaphorik / Naturwiss / Recht / Wissenschaftsspr / Wirtsch

510 WEINGARTEN, Rüdiger 1994: Zur Stilistik der Wissenschaftssprache. In: Gisela Brünner / Gabriele Graefen (Hgg.): Texte und Diskurse. Methoden und Forschungsergebnisse der funktionalen Pragmatik. Opladen (Westdeutscher Verlag), 115-135.
Entpersönlichung / Fachstil / Sprechakt / Forschmeth / Pragmatik

5.2 Berufspraxis, Fach, Institution und Sprache

511 BASSLER, Harald 1996: Wissenstransfer in intrafachlichen Vermittlungsgesprächen. Eine empirische Untersuchung von Unterweisungen in Lehrwerkstätten für Automobilmechaniker. (= RGL 162). Tübingen (Niemeyer).
Binnendifferenz / Fachtextsort / Forschmeth / Technik / Texttypologie / Wissenstransf

512 BECKER, Thomas u.a. (Hgg.) 1990: Sprache und Technik: verständliches Gestalten technischer Fachtexte. Aachen (Alano-Verlag).
Fachstil / Fachkomm / Fachtextsort / technisches Schreiben / Wissenstransfer

513 BRÜNNER, Gisela 1993: Mündliche Kommunikation in Fach und Beruf. In: ⇨ 202, Bd.2, 730-771.
Binnendifferenz / Fachsprdidaktik / Forschmeth / Institution / mündl Fachkomm

514 BUNGARTEN, Theo (Hg.) 1994: Kommunikationsprobleme in und von Unternehmungen: Wege zu ihrer Erkennung und Lösung. (= Beitr. z. Wirtschaftskommunikation 3). Tostedt (Attikon).
Berufskomm / Diskursan / Fachlichkeit / mündl Fachkomm / Zeitschriftenart

515 BUNGARTEN, Theo (Hg.) 1994: Kommunikationstraining und Trainingsprogramme im wirtschaftlichen Umfeld. (= Beitr. z. Wirtschaftskommunikation 12). Tostedt (Attikon).
Ausbildungsmodelle / Berufskomm / Diskursan / engl. / Fachsprdidaktik / franz. / Kommfähigkeit / Lehrmat / Rhetorik / Unterrichtsmeth / Wirtsch

516 BUSSE, Dietrich 1992: Recht als Text. Linguistische Untersuchungen zur Arbeit mit Sprache in einer gesellschaftlichen Institution. (= RGL 131). Tübingen (Niemeyer).

Fachtext / Fachtextsort / Institution / Recht / Semantik

517 EFFERTZ, Andrea / VIETH, Ulrike (Hgg.) 1996: Das Verständnis wirtschaftsspezifischer Anglizismen in der deutschen Sprache bei Unternehmern, Führungskräften und Mitarbeitern der neuen und alten Bundesländer. (= Freiberger Beiträge zum Einfluß der angloamerikanischen Sprache und Kultur auf Europa 1). Frankfurt a. M. u.a. (Lang).
engl. / Fachlexik / Interferenz / Semantik / Textversteh / Wirtsch

518 FIEHLER, Reinhard / SUCHAROWSKI, Wolfgang (Hgg.) 1992: Kommunikationsberatung und Kommunikationstraining. Anwendungsfelder der Diskursforschung. Opladen (Westdeutscher Verlag).
Diskursan / Kommunikationsberatung / Medizin / Unterrichtsmeth / Verwaltung / Wissenstransf

519 FUCHS-KHAKHAR, Christine 1987: Die Verwaltungssprache zwischen dem Anspruch auf Fachsprachlichkeit und Verständlichkeit. Ein Vergleich der Darstellung dieses Konflikts in der deutschen Verwaltungssprache und die Vorschläge zu seiner Verbesserung seit 1958, ergänzt durch einen Blick auf die neueren Ansätze zur Verbesserung der Verwaltungssprache in Großbritannien. Tübingen (Stauffenburg).
engl. / Fach- u. Gemeinspr / Fachstil / Fachtextsort / Kommkonflikt / Recht / Verwaltung

520 GRINDSTED, Annette / WAGNER, Johannes (Hgg.) 1992: Communication for Specific Purposes. Fachsprachliche Kommunikation. (= Kommunikation und Institution 21). Tübingen (Narr).
engl. / Entwickltend / Fachtextsort / Fachtextvergleich / Forschmeth / Interkult / Recht / schwedisch / Technik / Wirtsch / Wissensch

521 LÜSCHOW, Frank 1992: Sprache und Kommunikation in der technischen Arbeit. (= Duisburger Arbeiten zur Sprach- und Kulturwissenschaft 13). Frankfurt a. M. u.a. (Lang).
Fachsprdidaktik / Funktionalstil / Ingenieurwiss / Institution / Interaktion / Pragmatik / Technolekte

522 SAGER, Sven F. 1996: Gebrauchsgesten. Systematische Überlegungen zu einer Form nonverbaler Fachkommunikation. In: Jörg Hennig / Jürgen Meier (Hgg.): Varietäten der deutschen Sprache. Festschr. für Dieter Möhn. (= Sprache in der Gesellschaft 23). Frankfurt a. M. u.a. (Lang), 247-263.
Pragmatik / Visualisierung

5.3 Wissenstransfer in der Gesellschaft

523 BECKER, Wolfgang 1990: Zur Problematik der Weitervermittlung von Ernährungswissen. Kommunikationstheoretische Analyse, empirische Befunde und konzeptionelle Schlußfolgerungen. (= Europäische Hochschulschriften Reihe 40, 21). Frankfurt a. M. u.a. (Lang).
Ernährung / Fachkomm / Fachsprdidaktik / Forschmeth / Sozialwiss / Wissenstransf

524 BIERE, Bernd-Ulrich / LIEBERT, Wolf-Andreas (Hgg.) 1997: Metaphern, Medien, Wissenschaft. Zur Vermittlung der AIDS-Forschung in Presse und Rundfunk. Opladen (Westdeutscher Verlag).

Fachtextsort / Kognition / Kommkonflikt / Medizin / Metaphorik / mündl Fachkomm / Textversteh / Wissenschaftsspr / Wissenstransf

525 DEUTSCHE AKADEMIE FÜR SPRACHE UND DICHTUNG (Hg.) 1981: Die Sprache des Rechts und der Verwaltung. Bearb. v. Ingulf Radtke. (= Der öffentliche Sprachgebrauch 2). Stuttgart (Klett).
Anwendkontext / Fach- u. Gemeinspr / Fachstil / Fachtextsort / Kommkonflikt / Recht / Verwaltung

526 GROSSE, Siegfried / MENTRUP, Wolfgang (Hgg.) 1982: Anweisungstexte. (= Forschungsberichte des Instituts für deutsche Sprache 54). Tübingen (Narr).
Bedienungsanleitung / Fachstil / Fachtextsort / Medizin / Recht / Technik / Textversteh

527 HOMBERGER, Dieter 1990: Von Experte zu Laie. Fachsprachliche Kommunikation und Wissenstransfer. In: Gerd Rickheit / Sigurd Wichter (Hgg.): Dialog. Festschr. für Siegfried Grosse. Tübingen (Niemeyer), 375-393.
Bedingungsgefüge / Binnendifferenz / Fachkomm / Fachlexik / Wissenstransf

528 KRINGS, Hans P. (Hg.) 1996: Wissenschaftliche Grundlagen der Technischen Kommunikation. (= FFF 32). Tübingen (Narr).
Fachstil / Fachtextsort / Forschmeth / technisches Schreiben / Textversteh / Visualisierung / Wissenstransf

529 SPILLNER, Bernd 1994: Sprachbezogener Wissenstransfer als Herausforderung an die Angewandte Linguistik. In: ⇨ 151, 91 - 96.
Anwendkontext / Entwickltend / Forschmeth

530 WICHTER, Sigurd 1995: Vertikalität von Wissen. Zur vergleichenden Untersuchung von Wissens- und insbesondere Wortschatzstrukturen bei Experten und Laien. In: Germanistische Linguistik 23, 3, 284-313.
Binnendifferenz / Fachlexik / Fachwissen / Forschmeth / Medizin / Technik

6 Analysen und Beschreibungen einzelner Fachsprachen

6.1 Fachbezogene Gesamtdarstellungen

601 BRETZ, Gerda 1977: Die mundartliche Fachsprache der Spinnerei und Weberei in Heltau, Siebenbürgen, in ihren räumlichen, zeitlichen und sachlichen Bezügen. (= Deutsche Dialektgeografie 83). Marburg (Elwert). [mit Wörterbuch, 155-186].
Dialekt / Fachlexik / Forschmeth / Korpusan / Morphosyntax / Sprachgesch / Textilindustrie

602 BUDIN, Gerhard 1993: Wie (un)verständlich ist das Soziologendeutsch? Begriffliche und textuelle Strukturen in den Sozialwissenschaften. (= Werkstattreihe DaF 42). Frankfurt a. M. u.a. (Lang).
Anwendkontext / Fachtext / Forschmeth / Funktionalstil / Korpusan / Sozialwiss / Terminologie / Terminologielehre

603 DANKERT, Harald 1969: Sportsprache und Kommunikation. Untersuchungen zur Struktur der Fußballsprache und zum Stil der Sportberichterstattung. (= Volksleben 25). Tübingen (= Tübinger Vereinigung für Volkskunde e.V.).
Fachjargon / Fachkomm / Fachlexik / Fachstil / Medien / Sport

604 DIECKMANN, Walther 1969: Sprache in der Politik. Einführung in die Pragmatik und Semantik der politischen Sprache. Heidelberg (Winter).
Fachlexik / Fachstil / Forschgesch / Funktionalstil / Politik / Semantik

605 FEER, Hans 1987: Die Sprache der Psychiatrie: eine linguistische Untersuchung. (= Monographien aus dem Gesamtgebiete der Psychiatrie 48). Berlin u.a. (Springer).
Begriffsbild / Eigennamen / Terminologie / Metaphorik / Semantik / Psychiatrie / Sprachkritik

606 FRICKE, Harald 1977: Die Sprache der Literaturwissenschaft. Textanalytische und philosophische Untersuchungen. München (Beck).
Forschmeth / Kognition / Korpusan / Literaturwiss / Semiotik

607 GERLACH, Walther 1962: Die Sprache der Physik. (= Math.-Naturw. Taschenb. 5). Bonn u.a. (Dümmler).
diachr Fachsprforsch / Fach- u. Gemeinspr / Fachlexik / Morphosyntax / Terminologie

608 HARTMANN, R. R. K. 1973: The Language of Linguistics. Reflections on Linguistic Terminology, with particular Reference to <Level> and <Rank>. (= TBL 44). Tübingen (Narr).
Def / Fachlexik / Forschgesch / Sprachwiss / Terminologie

609 HERRMANN-WÜNZER, Lore 1937: Die Fachsprache der südhessischen Imker. In: Hess. Blätter f. Volkskunde 36, 113-166.
Bienenzucht / Dialekt / Fachlexik / Morphosyntax / Sprachgesch

610 HÖFFLIN, Horst-Christian 1983: Zur Sprache des Weinbaus am Kaiserstuhl und Tuniberg. (= Göppinger Arbeiten z. Germanistik 380). Göppingen (Kümmerle).
Dialekt / Fachlexik / Interferenz / Weinbau

611 HUTTERER, C. J. / MÉSZÁROS, Gy. 1972: Zur Fachsprache der zigeunerischen Wahrsager in Ungarn. In: Acta Linguistica Academiae scientiarum Hungaricae 22, 3/4, 317-348.
Chiromantie / Fachlexik / Kartenlegen / ungarisch / Volkskunde

612 ISCHREYT, Heinz 1965: Studien zum Verhältnis von Sprache und Technik. Düsseldorf (Schwann).
Binnendifferenz / Fach- u. Gemeinspr / Fachlexik / Technolekte / Terminologienorm

613 KETTMANN, Gerhard 1959: Die Sprache der Elbschiffer. 1.2. (= Mitteldeutsche Studien 22.23). Halle/ Saale (VEB Max Niemeyer). [mit Wörterbuch, 47-452].
Berufskomm / Binnendifferenz / Dialekt / Fach- u. Gemeinspr / Fachwort / Kontrastivling / Sprachgesch

614 KRETZENBACHER, Heinz L. / WEINRICH, Harald (Hgg.) 1995: Linguistik der Wissenschaftssprache. (= Akademie der Wissenschaften zu Berlin. Forschungsbericht 10). Berlin, New York (de Gruyter).
DaF / diachr Fachsprforsch / Fachsprdidaktik / Fachtextsort / Syntax / Terminologie / Wissensch

615 KÜHN, Hans A. 1988: Die Veränderung der Fachsprache des Schriftsetzers durch den Einfluß der elektronischen Datenverarbeitung. Trier (Wissenschaftlicher Verlag Trier). [mit Wortschatz- und Belegsammlung, 127-259].
Druckgewerbe / Entwickltend / Fachlexik / Fachstil / Syntax

616 MEHLIN, Urs H. 1969: Die Fachsprache des Theaters. Eine Untersuchung der Terminologie von Bühnentechnik, Schauspielkunst und Theaterorganisation. (= Wirkendes Wort 7). Düsseldorf (Schwann). [alphabetisches Wortregister 527-570].
Binnendifferenz / Entwickltendenz / Fachlexik / Institution / Semantik / Syntax / Technik / Theater

617 MESSING, Ewald E. J. (Hg.) 1932: Zur Wirtschaftslinguistik. Eine Auswahl von kleineren und größeren Beiträgen über Wert und Bedeutung, Erforschung und Unterweisung der Sprache des wirtschaftlichen Verkehrs. Rotterdam (Nijgh u. van Ditmar). [mit Beitr. von Th. Blum, P. Feldkeller u.a.].
Anwendkontext / diachr Fachsprforsch / Fachsprdidaktik / Fachwort / Forschmeth / Funktionalstil / Interkult / Lehrmat

618 WEINGARTNER, Paul (Hg.) 1993: Die Sprache in den Wissenschaften. (= Grenzfragen 20). Freiburg i. Br., München (K. Alber).
Fachkomm / Historiographie / Interdisziplinarität / Mathematik / Neurobiologie / Philosophie / Physik / Textversteh / Theologie

619 WIESE, Ingrid 1984: Fachsprache der Medizin. Eine linguistische Analyse. (= Linguistische Studien). Leipzig (Verlag Enzyklopädie).
Berufskomm / Fachlexik / Fachtextsort / Nomenklatur / Semantik / Systemeigensch / Zeitschriftenart

620 WOLFF, Robert 1971: Die Sprache der Chemie. Zur Entwicklung und Struktur einer Fachsprache. (= Mathematisch-Naturwissenschaftliche Taschenbücher 11). Bonn (Dümmler).
Begriffssystematik / Nomenklatur / Sprachgesch / Terminologie

6.2 Teildarstellungen und Einzelaspekte (kommunikativ, strukturell usw.)

621 BUNGARTEN, Theo (Hg.) 1997: Aspekte der Unternehmungskultur und Unternehmensidentität in der historischen Wirtschaftslinguistik. (= Beitr. z. Wirtschaftskommunikation 1). (Tostedt (Attikon).
Anwendkontext / Forschgesch / Wirtsch

622 DAHMEN, Wolfgang / HOLTUS, Günter / KRAMER, Johannes / METZELTIN, Michael (Hgg.) 1989: Technische Sprache und Technolekte in der Romania. Romanistisches Kolloquium II. (= TBL 326). Tübingen (Narr).
Fachstil / Fachtextsort / Fachübers / franz. / ital. / Morphosyntax / portugiesisch / Recht / span. / Sprachvergleich / Technik / Terminologie / Wirtsch

623 ENGBERG, Jan 1997: Konventionen von Fachtextsorten. Kontrastive Analysen zu deutschen und dänischen Gerichtsurteilen. (= FFF 36). Tübingen (Narr).
dän. / Fachtextsort / Fachübers / Kontrastivling / Minilekt / Recht / Sprhandeln / Sprachnorm

624 EYDAM, Erhard 1992: Die Technik und ihre sprachliche Darstellung. Grundlagen der Elektrotechnik. (= Studien zu Sprache und Technik 4). Hildesheim, Zürich, New York (Olms).
Fachbegriff / Fachlichkeit / Fachsprdidaktik / Wissenstransf

625 KREFELD, Thomas 1985: Das französische Gerichtsurteil in linguistischer Sicht. Zwischen Fach- und Standessprache. (= Studia Romanica et linguistica 17). Frankfurt a. M. u.a. (Lang)
Fach- u. Gemeinspr / Fachtextsort / franz. / Institution / Recht / Semiotik

626 KÖNIGER, Paul 1997: Dynamik technisch geprägter Sprache. In: Rüdiger Weingarten (Hg.): Sprachwandel durch Computer. Opladen (Westdt. Verlag), 159-184.
Binnendifferenz / Fachlexik / Fachtextsort / Interferenz / Morphosyntax / Multimedia / Pragmatik

627 LEHRER, Adrienne 1982: Die Sprache der Weinprobe. Zur Entwicklung und Verwendung wissenschaftlicher Terminologien. In: Zeitschr. für Semiotik 4, 4, 337-362.
Fachlexik / Fach- u. Gemeinspr / Önologie / Pragmatik / Semantik

628 LENZ, Friedrich 1989: Organisationsprinzipien in mündlicher Fachkommunikation. Zur Gesprächsorganisation von „Technical Meetings". (= Duisburger Arbeiten zur Sprach- und Kulturwissenschaft 7). Frankfurt a. M. u.a. (Lang).
Diskursan / engl. / Fachkomm / Fachtextsort / Forschmeth / mündl Fachkomm / Technolekte

629 LIU, Yongdong 1992: Fachsprachliche Zeige- und Verweisstrukturen in Patentschriften. (= Studien Deutsch 14). München (Iudicium).
Fachtextsort / Korpusan / Morphosyntax / Recht

630 MAHLER, Wilma 1978: Der Labor- und Röntgenslang in medizinischen Praxen. In: Muttersprache 88, 1, 1-18.
Binnendifferenz / Fachjargon / Fachlexik / Medizin

631 MAURER, Friedrich 1964: Zur deutschen Handwerkersprache. In: Friedrich Maurer: Volkssprache. Gesammelte Abhandlungen. (= Beih. zur Zeitschr. Wirkendes Wort 9). Düsseldorf (Schwann), 37-52.
Berufskomm / Fachlexik / Metaphorik

632 MUNSBERG, Klaus 1994: Mündliche Fachkommunikation. Das Beispiel Chemie. (= FFF 21). Tübingen (Narr).
Biblio / Chemie / Diskursan / Fachlexik / Fachstil / Forschmeth / Interaktion / Korpusan / mündl Fachkomm

633 SCHRÖDER, Susanne 1997: Fachsprachliche Kommunikationsarten des Französischen. Ein Vergleich gesprochener und geschriebener Texte aus dem Bereich der Chemie. (= Studien zur Allgemeinen und Romanischen Sprachwissenschaft 6). Frankfurt a. M. u.a. (Lang).
Chemie / Fachkomm / Fachstil / franz. / Kontrastivling / mündl Fachkomm / Systemeigensch

634 SCHÜTTE, Wilfried 1991: Scherzkommunikation unter Orchestermusikern. Interaktionsformen in einer Berufswelt. (= Forschungsber. d. Inst. f. dt. Sprache 67). Tübingen (Narr).
Berufskomm / Binnendifferenz / Diskursan / Fachstil / Musik / Sprhandeln

635 SCHÜTTLER, Susanne 1994: Zur Verständlichkeit von Texten mit chemischem Inhalt. (= Theorie u. Vermittlung der Sprache 19). Frankfurt a. M. u.a. (Lang).
Chemie / Fachsprdidaktik / Fachtextan / Fachtextsort / Textversteh / Wissenstransf

7 Interkulturelle Fachkommunikation und Fachübersetzen

7.1 Kultur- und sprachkontrastive Arbeiten

701 ANDERSEN, Anne M. 1997: Interkulturelle Wirtschaftskommunikation in Europa: Deutschland – Dänemark. Zur Konzeption eines interkulturellen Kommunikationstrainings für den deutsch-dänischen Handel. (= Beitr. z. Wirtschaftskommunikation 13). Tostedt (Attikon)
dän. / Fachsprdidaktik / Wirtsch

702 BAUMANN, Klaus-Dieter / KALVERKÄMPER, Hartwig (Hgg.) 1992: Kontrastive Fachsprachenforschung. (= FFF 20). Tübingen (Narr).
engl. / Fachlichkeit / Fachtextsort / Fachtextvergleich / Fachübers / Forschmeth

703 BOOS-NÜNNING, Ursula 1994: Interkulturelles Lernen in der Berufsbildung. In: Deutsch lernen 4, 307-332.
Berufskomm / DaF / Fachsprachendidatkik / Sprhandeln

704 CLYNE, Michael 1987: Cultural differences in the organization of academic texts. In: Journal of Pragmatics 11, 2, 211-247.
engl. / Fachsprdidaktik / Fachstil / Fachtextan / Kontrastivling / Wissenschaftsspr / Wissenstransf

705 GUTERMANN, Barbara 1996: Die Raumdarstellung in deutschen und französischen technischen Texten. Sprachvergleichende Untersuchungen zur Frequenz der Darstellung räumlicher Relationen, zu ihrer sprachlichen Form und zu Inhalt – Form – Beziehungen. (= Europäische Hochschulschriften. Reihe 21 Linguistik, 160). Frankfurt a. M. u.a. (Lang).
Fachtextsort / franz. / Kontrastivling / Systemeigensch / Technolekte

706 GÖPFERICH, Susanne 1996: Direktive Sprechakte im Textsortenspektrum der Kraftfahrzeugtechnik: Konventionen im Deutschen und im Englischen. In: ⇨ 333, 65-99.
engl. / Fachtextsort / Fachübers / Kontrastivling / Sprhandeln / Technik

707 HUTZ, Matthias 1997: Kontrastive Fachtextlinguistik. Fachzeitschriftenartikel der Psychologie im interlingualen Vergleich. (= Studien zur Anglistischen Literatur- und Sprachwissenschaft 8). Trier (Wissenschaftlicher Verlag Trier).
Def / Fachsprdidaktik / Fachtextsort / Kontrastivling / Psychologie / Zeitschriftenart

708 KEIM, Lucrecia 1994: Interkulturelle Interferenzen in der deutsch-spanischen Wirtschaftskommunikation. (= Werkstattreihe DaF 47). Frankfurt a. M. (Lang).
Diskursan / Fachsprdidaktik / Forschmeth / Sprhandeln / Wirtsch

709 LIANG, Yong 1993: Zur Fremdheitsproblematik in der interkulturellen Fachkommunikation. In: Alois Wierlacher (Hg.): Kulturthema Fremdheit. Leitbegriffe und Problemfelder kulturwissenschaftlicher Fremdheitsforschung. München (Iudicium), 153-171.
Def / chin. / Fachtext / Kommfähigkeit / Kulturspezifik / Sprhandeln / Terminologie / Textversteh / Wissenschaftsspr

710 MÜLLER, Bernd-Dietrich (Hg.) 1993^2: Interkulturelle Wirtschaftskommunikation. (= Studium DaF – Sprachdidaktik 9). München (Iudicium). [überarb. u. erw. Auflage].

Entwickltend / Fachsprdidaktik / Fachtextsort / Geisteswiss / Sprhandeln / Wirtsch

711 OLDENBURG, Antje 1997: Überlegungen zur interkulturellen Untersuchung von Wissenschaftsstilen. In. Fachsprache 19, 1-2, 9-16.
engl. / Fachstil / Fachtextsort / Kontrastivling

712 PÖLL, Bernhard (Hg.) 1994: Fachsprache - kontrastiv: Beiträge der gleichnamigen Sektion des 21. Österr. Linguistentags, Salzburg 23.-26. Okt. 1993. (= Abhandlungen zur Sprache und Literatur 71). Bonn (Romanistischer Verlag).
Äquivalenz / Datenverarbeitung / Eigennamen / Ethnologie / Fachübers / Fehlerlinguistik / franz. / ital. / Kontrastivling / Literaturwiss / Terminologiearb / Verwaltung

713 REUTER, Ewald / SCHRÖDER, Hartmut / TIITULA, Liisa 1989: Deutsch-finnische Kulturunterschiede in der Wirtschaftskommunikation. Fragestellungen, Methoden und Ergebnisse eines Forschungsprojekts. In: Jahrbuch DaF 15, 237-269.
DaF / Fachkomm / Fachsprdidaktik / Fachtextan / Forschmeth / Kontrastivling / Interkult / mündl Fachkomm / Wirtsch

714 TATJE, Rolf 1995: Die Fachsprache der Mineralogie. Eine Analyse französischer und deutscher Fachzeitschriftenartikel. (= Studien zur Allgemeinen und Romanistischen Sprachwissenschaft 1). Frankfurt a. M. u.a. (Lang).
Fachstil / Fachtextsort / franz. / Kontrastivling / Korpusan / Naturwiss / Systemeigensch / Zeitschriftenart

715 THOMAS, Alexander 1994: Kulturelle Divergenzen in der deutsch-deutschen Wirtschaftskooperation. In: Theo Bungarten (Hg.): Deutsch-deutsche Kommunikation in der Wirtschaftskooperation. (= Beitr. z. Wirtschaftskommunikation 6). Tostedt (Attikon), 69-89.
Forschmeth / Interaktion / Kulturspezifik / Kommkonflikt / Wirtsch

716 VENTOLA, Eija / MAURANEN, Anna (Hgg.) 1996: Academic writing: intercultural and textual Issues. Amsterdam, Philadelphia (Benjamins).
engl. / Fachsprdidaktik / Fachstil / Fachtextsort / Informatik / Kommfähigkeit / Kulturspezifik / Philosophie / tschechisch

7.2 Fachübersetzen

717 ARNTZ, Reiner (Hg.) 1988: Textlinguistik und Fachsprache. Akten des Internationalen übersetzungswissenschaftlichen AILA-Symposions Hildesheim, 13.-16. April 1987. (= Studien zu Sprache und Technik 1). Hildesheim, Zürich, New York (Olms) [enthält 39 Referate].
Äquivalenz / Fachsprdidaktik / Fachstil / Fachtext / Interkult / Metaphorik / Semantik / Terminologie / Textversteh

718 ARNTZ, Reiner / BARCZAITIS, Rainer 1998: Die Rolle von Fachsprachen im Kontakt von Einzelsprachen IV: Fachübersetzung in den Naturwissenschaften und der Technik. In: ⇨ 138, Bd. 14.1, 792-800.
Fachkomm / Fachlichkeit / Fachstil / Fachtext / Interkult

719 GERZYMISCH-ARBOGAST, Heidrun 1996: Termini im Kontext. Verfahren zur Erschließung und Übersetzung textspezifischer Bedeutung von fachlichen Ausdrükken. (= FFF 31). Tübingen (Narr).
Biblio / Fachbegriff / Fachtextan / Forschmeth / Semantik / Terminologie

720 GODGLÜCK, Peter (Hg.) 1992: Text - Fachwort - Übersetzen. Beiträge eines Kolloquiums in Sofia/ Bulgarien. (= Sprachwelten 7). Frankfurt a. M. u.a. (Lang).
bulgarisch / Chemie / Fachlexik / Fachstil / Fachtextsort / Fachwissen / Interaktion / Literaturwiss / Textversteh / Wissensch

721 GÖPFERICH, Susanne 1995: Textsorten in Naturwissenschaften und Technik. Pragmatische Typologie - Kontrastierung - Translation. (= FFF 27). Tübingen (Narr).
Biblio / Datenverarbeitung / Fach- u. Gemeinspr / Fachtextsort / Fachtexttypologie / Fachübers / Forschmeth / Korpusan / Sprechakt / Syntax

722 JUMPELT, Rudolf Walter 1961: Die Übersetzung naturwissenschaftlicher und technischer Literatur. Sprachliche Maßstäbe und Methoden zur Bestimmung ihrer Wesenszüge und Probleme, Berlin (Langenscheidt).
Fach- u. Gemeinspr / Fachlexik / Fachstil / Naturwiss / Syntax / Technik / Terminologie / Textversteh

723 SNELL-HORNBY, Mary / HÖNIG, Hans G. / SCHMITT, Peter A. (Hg.) 1998: Handbuch Translation. Tübingen (Stauffenburg).
Anwendkontext / Computereinsatz / Fachsprdidaktik / Fachtextsort / Interkult / Systemeigensch / Terminologie

724 SPITZBARDT, Harry (Hg.) 1972: Spezialprobleme der wissenschaftlichen und technischen Übersetzung. Halle/ Saale (Niemeyer).
engl. / Fachwissen / franz. / Medizin / Naturwiss / Pragmatik / Redundanz / russ. / Sprachtheorie / Syntax / Technik / Terminologie

725 STENGEL-HAUPTVOGEL, Ina 1997: Juristisches Übersetzen Spanisch-Deutsch: Immobilienkaufverträge. (= FFF 41). Tübingen (Narr).
Fachlexik / Fachtextsort / Kontrastivling / Recht / span.

726 SCHMITT, Peter A. (1998): Translation und Technik. Tübingen (Stauffenburg). [im Druck].
Fachstil / Fachtextsorten / Interkult / Technik / Terminologie

727 STOLZE, Radegundis 1998: Die Rolle von Fachsprachen im Kontakt von Einzelsprachen III: Fachübersetzung in den Geistes- und Sozialwissenschaften. In: ⇨ 138, Bd. 14.1, 784-791.
Fachlexik / Fachtext / Recht / Sozialwiss / Theologie / Wirtsch

728 WILSS, Wolfram 1979: Fachsprache und Übersetzen. In: ⇨ 811, 177-191.
Fachjargon / Fachkomm / Funktionalstil / Terminologie / Fachtextpragm

729 WRIGHT, Sue Ellen / WRIGHT [Jr.], Leland D. (Hgg.) 1993: Scientific and Technical Translation. (= American Translators Association Scholarly Monograph Series, Vol. VI). Amsterdam / Philadelphia (J. Benjamins).
Computereinsatz / Fachsprdidaktik / Fachstil / Fachtextsort / Fachtexttypologie / Fachübers / technisches Schreiben / Terminologiearb

8 Terminologie, Normung, Sprachplanung

8.1 Terminologische Konzepte

801 BAUSCH, Karl-Heinz / SCHEWE, Wolfgang H. U. / SPIEGEL, Heinz-Rudi (Hgg.) 1976: Fachsprachen. Terminologie, Struktur, Normung. (= DIN Normungskunde 4). Berlin, Köln (Beuth). [Wiederabdruck grundlegender, teilweise hier gekürzter Beiträge von E. Beneš, J. Filipec, E. Wüster u.a. und zwei einleitende Originalbeiträge; Reihenhrsg.: DIN. Deutsches Institut für Normung e.V.].
Binnendifferenz / Fachkomm / Morphosyntax / Syntax / Technik / Terminologienorm / Terminologiewiss

802 BUDIN, Gerhard 1995: Wissensorganisation und Terminologie. Die Komplexität und Dynamik wissenschaftlicher Informations- und Kommunikationsprozesse. (= FFF 28). Tübingen (Narr).
Anwendkontext / Fachinformation /Fachkomm / Fachwissen / Terminologie

803 DORNER, Franz 1965: Zur Terminologie der Terminologie. Kritisches zu den grundlegenden Fachausdrücken einer neuen Wissenschaft. In: Muttersprache 75, 103-122.
Def / Fachwort / Plansprachen / Terminologie

804 FELBER, Helmut / BUDIN, Gerhard 1989: Terminologie in Theorie und Praxis. (= FFF 9). Tübingen (Narr).
Fachlexik / Fachsprdidaktik / Forschungssituation / Terminologiearb / Terminologielehre

805 KNOBLOCH, Clemens / SCHAEDER, Burkhard (Hgg.) 1996: Nomination – fachsprachlich und gemeinsprachlich. Opladen (Westdeutscher Verlag).
Begriffsbild / Fachübers / Fach- u. Gemeinspr / Morphosyntax / Terminologie

806 LAURÉN, Christer / PICHT, Heribert (Hgg.) 1993: Ausgewählte Texte zur Terminologie. (= IITF Infoterm). Wien (TermNet, Internat. Network for Terminology).
Forschgesch / Forschmeth / Terminologiewiss

807 MORGENROTH, Klaus 1994: Le terme technique. Approches théoriques, études statistique appliquées à la langue de spécialité économique du français et de l'allemand. (= Beih. z. Zs. f. Roman. Philologie 230). Tübingen (Niemeyer).
Fachlexik / Fachtextan / Forschgesch / franz. / Kontrastivling / Terminologie

808 PICHT, Heribert 1993: Terminologie - Ein trans- und interdisziplinäres Wissensgebiet. Die Entwicklung nach Eugen Wüster. In: Fachsprache 15, 1-2, 2-18.
Entwickltend / Fachsprdidaktik / Terminologiearb / Terrminologiewissenschaft

809 WILLE, Rudolf / ZICKWOLFF, Monika (Hgg.) 1994: Begriffliche Wissensverarbeitung. Grundfragen und Aufgaben. Mannheim u.a. (BI-Wissenschaftsverlag).
Anwendkontext / Erkenntnistheorie / Fachbegriff / Fachinformation / Fachwissen

810 WÜSTER, Eugen 1979: Einführung in die Allgemeine Terminologielehre und Terminologische Lexikographie. Teil 1: Textteil, Teil 2: Bildteil. (= Schriftenreihe der TU Wien 8.1,2). Wien, New York ([in Kommission] Springer).
Fachbegriff / Fachsprtheorie / Fachwb / Forschmeth / Terminologiearb / Terminologienorm

8.2 Terminologiearbeit

811 FELBER, Helmut / LANG, Friedrich / WERSIG, Gernot (Hgg.) 1979: Terminologie als angewandte Sprachwissenschaft. Gedenkschrift für Univ.-Prof. Dr. Eugen Wüster. München, New York, London, Paris (Saur).
Fachübers / Informatik / Plansprachen / Terminologiewiss

812 HOFFMANN, Lothar (Hg.) 1990: Empfehlung - Standard - Norm. Beiträge zur Rationalisierung in der Fachkommunikation. (= Linguistische Studien). Leipzig (Verlag Enzyklopädie).
engl. / Fachtext / Fachtextsort / franz. / Informationsverarbeitung / Recht / russ. / Syntax / Technik / Terminologienorm

813 MORGENROTH, Klaus (Hg.) 1996: Terminologie und Nomenklatur. Ein dichotomischer Ansatz zur strukturellen Differenzierung der Fachlexik. (= Leipziger Fachsprachen-Studien 11). Frankfurt a. M. u.a. (Lang).
Eigennamen / Entwickltend / Fachlexik / Forschgesch / Mathematik / Medizin / Morphosyntax / Nomenklatur / Terminologie / Verkehrswesen

814 REINART, Sylvia 1993: Terminologie und Einzelsprache. Vergleichende Untersuchungen zu einzelsprachlichen Besonderheiten der fachsprachlichen Lexik mit Schwerpunkt auf dem Sprachenpaar Deutsch – Französisch. (= Europäische Hochschulschriften Reihe 21, 130). Frankfurt a. M. u.a. (Lang).
Begriffsbild / Eigennamen / Fachtextan / franz. / Kontrastivling / Kulturspezifik / Terminologie

815 SANDRINI, Peter 1996: Terminologiearbeit im Recht. Deskriptiver begriffsorienierter Ansatz vom Standpunkt des Übersetzers. (= IITF Series 8). Wien (Internat. Network for terminology [TermNet]).
Def / Fachkomm / Forschmeth / Kognition / Recht / Systemeigensch / Terminologie / Wissenstransf

816 SONNEVELD, Helmi B. / LOENING, Kurt L. (Hgg.) 1993: Terminology. Applications in interdisciplinary communication. Amsterdam, Philadelphia (John Benjamins).
Äquivalenz / Chemie / Fachinformation / Fachlexikograph / Fachübers / Interferenz / Kognition / Medizin / Physik / Plansprachen / Recht / Sozialwiss / Terminologienorm

817 STAVRAKA, Maria 1993: Sach- und Sprachnorm in der französischen Rechtssprache. (= Bonner Romanistische Arbeiten 45). Frankfurt a. M. u.a. (Lang).
Fachlexik / Fachtextan / Fachtextsort / franz. / Kontrastivling / Recht

818 WARNER, Alfred 1966: Internationale Angleichung fachsprachlicher Wendungen der Elektrotechnik. Versuch einer Aufstellung phraseologischer Grundsätze für die Technik. (= Elektrotechnische Zeitschr. 4). Berlin (VDE-Verlag).
Fachbegriff / Fachlexik / Fachlexikograph / Technik / Terminologienorm / Morphosyntax

819 WENDT, Susanne 1997: Terminus – Thesaurus – Text. Theorie und Praxis von Fachbegriffssystemen und ihrer Repräsentation in Fachtexten. (= FFF 37). Tübingen (Narr).
Begriffsbild / Fachtext / Korpusan / Morphosyntax / russ. / Semantik / Technik / Wissenstransf

820 WÜSTER, Eugen 1970³: Internationale Sprachnormung in der Technik. Besonders in der Elektrotechnik. (Die nationale Sprachnormung und ihre Verallgemeinerung). (= Sprachforum, Beiheft 2). Berlin (Bouvier & Co.). [3. erg. Aufl. Bonn 1970, 2. Aufl. 1964; 1. Aufl. 1931 Berlin (VDI-Verlag); auch als Kurzausgabe, ohne Quellenangaben: Grundzüge der Sprachnormung in der Technik. 1934 Berlin (VDI-Verlag)].

Begriffssystematik / Fachlexik / Fachsprtheorie / Morphosyntax / Plansprachen / Semiotik / Technik / Terminologienorm

9 Fachsprachliche Ausbildung und Fachsprachendidaktik

9.1 Gesamtdarstellungen

901 BUHLMANN, Rosemarie / FEARNS, Anneliese 1998⁶: Handbuch des Fachsprachenunterrichts. Unter besonderer Berücksichtigung naturwissenschaftlich-technischer Fachsprachen. (= Narr Studienbücher). Tübingen (Narr). [überarb. u. erw. Aufl., 1. Aufl. Berlin, München: Langenscheidt 1987].

Biblio / Fachkomm / Kurskonzepte / Naturwiss / Technik / Unterrichtsmeth / Übungsformen / Wirtsch

902 CILIBERTI, Anna (Hg.) 1981: L'insegnamento linguistico «per scopi speciali». Bologna (Zanichelli).

engl. / Fach- u. Gemeinspr / Fachkomm / Fachlexik / Fachsprlehrer / Institution / ital. / Lehrmat / Syntax / Wissenschaftsspr

903 FLUCK, Hans-R. 1992: Didaktik der Fachsprachen. Aufgaben und Arbeitsfelder, Konzepte und Perspektiven im Sprachbereich Deutsch. (= FFF 16). Tübingen (Narr).

Anwendkontext / Berufskomm / DaF / Fachsprdidaktik / Fachtext / Fachunterricht / Kurskonzepte / Terminologielehre

904 FLUCK, Hans-R. unter Mitarbeit von Jü Jianhua, Wang Fang, Yuan Jie 1997²: Fachdeutsch in Naturwissenschaft und Technik. Eine Einführung in die Fachsprachen und die Didaktik / Methodik des fachorientierten Fremdsprachenunterrichts (DaF). Heidelberg (Groos). [überarb. Aufl., 1. Aufl. 1985].

Biblio / Fach- u. Gemeinspr / Fachlexik / Fachtext / Fachübers / Morphosyntax / Naturwiss / Technik / Unterrichtsmeth / Übungsformen

905 HEUBERGER, Katharina 1997: Wirtschaftsdeutsch und seine Vermittlung. Eine Bestandsaufnahme. (= Beitr. z. Wirtschaftskommunikation 16). Tostedt (Attikon). [mit Auswahlbibliographie „Unterrichtsmaterialien Wirtschaftsdeutsch"].

Binnendifferenz / Def / DaF / Interkult / Kurskonzepte / Lehrmat / Unterrichtsmeth / Wirtsch

906 HUTCHINSON, Tom / WATERS, Alan 1987: English for Specific Purposes. A learning-centred approach. (= New Directions in Language Teaching). Cambridge (Cambridge University Press).

Bedarfsanalyse / Biblio / Def / engl. / Fachsprlehrer / Kurskonzepte / Lehrmat / Lernmotivation / Unterrichtsmeth

907 KELZ, Heinrich P. 1996: Fachsprachenunterricht. In: Hans Goebl u.a. (Hgg.): Kontaktlinguistik. Ein internationales Handbuch zeitgenössischer Forschung. (= Handbücher zur Sprach- und Kommunikationswissenschaft 12.1). Berlin, New York (de Gruyter), 507-515.
Curriculum / Kommfähigkeit / Kulturspezifik / Systemeigensch / Unterrichtsmeth

9.2 Bedarf, Zielsetzungen und Gegenstände

908 BEIER, Rudolf / MÖHN, Dieter 1988: Fachsprachlicher Fremdsprachenunterricht. Voraussetzungen und Entscheidungen. In: Die Neueren Sprachen 87, 1-2, 19-75.
Bedingungsgefüge / Fachlichkeit / Fachtext / Lehrmat / Unterrichtsmeth

909 BENEKE, Jürgen 1989: Betriebsinterner Fremdsprachenunterricht - Tendenzen und Perspektiven. In: Eberhard Kleinschmidt (Hg.): Fremdsprachenunterricht zwischen Sprachenpolitik und Praxis. Festschr. f. Herbert Christ z. 60. Geb. (= Tübinger Beiträge zur Linguistik 340). Tübingen (Narr), 319-335.
engl. / Fachsprlehrer / Interkult / Kommfähigkeit / Unterrichtsmeth

910 VAN BERNEM, Theo 1988: Zur Frage des Berufsbezugs im Fremdsprachenunterricht der Berufsbildenden Schulen. In: ⇨ 216, 373-380.
Berufskomm / Curriculum / engl. / Fachsprlehrer / Wirtsch

911 BUHLMANN, Rosemarie 1986: Das Lernziel der sprachlichen Handlungsfähigkeit im Fach und seine Realisierungsmöglichkeiten im Unterricht. In: Rolf Ehnert / Hans-Eberhard Piepho (Hg.): Fremdsprachen lernen mit Medien. Festschr. f. Helm von Faber z. 70. Geburtstag. München (Hueber), 183-193.
Fachsprlehrer / Interdisziplinarität / Kommfähigkeit / Kurskonzepte

912 FAVROT, Brigitte / NEHM, Ulrich / NÜBOLD, Peter (Hgg.) 1992: Fachbezogener Fremdsprachenunterricht an Hochschulen in Europa. (= FuH 35).
Ausbildungsmodelle / Fachlexik / Lehrmat / Medizin / Morphosyntax / Unterrichtsmeth / Wirtsch

913 HOBERG, Rudolf 1990: Ist die Behandlung der Fachsprachen im Deutschunterricht für Ausländer wirklich so wichtig? In: Waldemar Pfeiffer (Hg.): Deutsch als Fachsprache in der Deutschlehrerausbildung und –fortbildung. (Seria językoznawstwo stosowane 10). Poznań (Uniw. Im. Adama Mickiewicza), 81-88.
Ausbildungsmodelle / DaF / Fach- u. Gemeinspr / Fachunterricht / Lernmotivation / Naturwiss / Technik

914 MONTEIRO, Maria 1990: Deutsche Fachsprachen für Studenten im Ausland am Beispiel Brasiliens. (= Sammlung Groos 39). Heidelberg (Groos).
DaF / Forschmeth / Kurskonzepte / Unterrichtsmeth

9.3. Methoden, Einzelkonzepte und -aspekte

9.3.1 Muttersprache

915 BERCK, Heidi 1986: Begriffe im Biologieunterricht: Versuch einer Entwirrung am Beispiel Sachkunde. (= Didaktik der Naturwissenschaften 10). Köln (Aulis-Verlag Deubner).
Begriffsbild / Fachdidaktik / Lehrmat / Semantik / Unterrichtsmeth

916 FEINÄUGLE, Norbert 1979: Fachsprachen und Grundschulunterricht. In: Der Deutschunterricht 31, 5, 52-62.
Begriffsbild / Fachlexik / Lehrmat / Fachunterricht

917 HEBEL, Franz / HOBERG, Rudolf 1985: Deutschunterricht an beruflichen Schulen. Anforderungen an seine Lehrer. Frankfurt a.M. (Scriptor).
Ausbildungsmodelle / Curriculum / Fachsprlehrer / Kommfähigkeit / Technik / Wirtsch

918 LISOP, Ingrid 1973: Die Denk- und Sprachsysteme der Wirtschaftswissenschaften und des Rechts in der Didaktik der Wirtschaftslehre. In: Heinz G. Golas (Hg.): Didaktik der Wirtschaftslehre. München (Kösel), 167-183.
Begriffsbild / Lehrmat / Unterrichtsmeth / Wirtsch / Wissenschaftsspr

919 SCHIEWE, Jürgen 1995: Sprache des Verstehens - Sprache des Verstandenen. Martin Wagenscheins Stufenmodell zur Vermittlung der Fachsprache im Physikunterricht. In: ⇨ 614, 281-299.
Exaktheit / Fachbegriff / Fachdidaktik / Fach- u. Gemeinspr / Physik / Unterrichtsmeth

920 SEIBERT, Thomas-Michael 1977: Zur Fachsprache in der Juristenausbildung. Sprachkritische Analysen anhand ausgewählter Textbeispiele aus juristischen Lehr- und Lernbüchern. (= Schriften zur Rechtstheorie 57). Berlin (Duncker & Humblot).
Fachdidaktik / Fachstil / Fachtextan / Recht / Sprachkritik / Syntax / Terminologie / Textversteh

9.3.2 Fremdsprachen (DaF, ESP usw.)

921 DEPPNER, Jutta 1989: Fachsprache der Chemie in der Schule. Empirische Untersuchung zum Textverständnis und Ansätze zur sprachlichen Förderung türkischer und deutscher Schüler. (= Sammlung Groos 36). Heidelberg (Groos).
Chemie / Curriculum / DaF / Fachkomm / Korpusan / Lehrmat / Syntax / Textversteh / Unterrichtsmeth

922 HESS, Hans-Werner 1992: Studienbegleitender Deutschunterricht an technischen Hochschulen. Didaktische Überlegungen zu einem chinesischen Fallbeispiel. In: Informationen DaF 3, 350-370.
Ausbildungsmodelle / Bedingungsgefüge / Curriculum / DaF / Fachkomm / Technik / Unterrichtsmeth

923 HESS-LÜTTICH, Ernest W.B. 1987: Fachsprachenerwerb im Zweitsprachenerwerb. Probleme der Vermittlung von Fachsprachen in ethnisch heterogenen Gruppen. In: ⇨ 152, 111-128.
Bedingungsgefüge / DaF / Fachtextsort / Fehlerlinguistik / Kulturspezifik / Syntax / Unterrichtsmeth / Morphosyntax

924 HOBERG, Rudolf 1994: Probleme bei der Erstellung fachsprachlicher Textdatenbanken für Deutsch als Fremdsprache. In: R. Hoberg (Hg.): Technik in Sprache und Literatur. (= THD Schriftenreihe Wissenschaft u. Technik 66). Darmstadt (THD), 333-348.
Computereinsatz / Def / DaF / Fachsprdidaktik / Fachtextsort / Forschmeth / Korpusan

925 KELZ, Heinrich P. (Hg.) 1983/87: Fachsprache 1. Sprachanalyse und Vermittlungsmethoden. Dokumentation einer Tagung der Otto Benecke Stiftung zur

Analyse von Fachsprachen und zur Vermittlung von fachsprachlichen Kenntnissen in der Ausbildung von Flüchtlingen in der Bundesrepublik Deutschland [1983]; Fachsprache 2. Studienvorbereitung und Didaktik der Fachsprachen [1987]. Bonn (Dümmler).
Curriculum / DaF / ESP / Fach- u. Gemeinspr / Fachunterricht / Forschmeth / Interkult / Kommkonflikt / Naturwiss / polnisch / Semantik / Sozialwiss / Systemeigensch / Technik / Unterrichtsmeth

926 KLEIN, Eberhard 1988: Wenn Lehrer und Lerner ihre Rollen tauschen: motivationsfördernde Aspekte der Interaktion im fachbezogenen Fremdsprachenunterricht. In: Claus Gnutzmann (Hg.): Fachbezogener Fremdsprachenunterricht. (= FFF 6). Tübingen (1988), 189-204.
Fachkomm / Fachsprlehrer / Interaktion / Lernmotivation / Unterrichtsmeth

927 LEISEN, Josef 1994: Handbuch des deutschsprachigen Fachunterrichts (DFU). Didaktik, Methodik und Unterrichtshilfen für alle Sachfächer im DFU und fachsprachliche Kommunikation in Fächern wie Physik, Mathematik, Chemie, Biologie, Geographie, Wirtschafts-/Sozialkunde. Bonn (Varus-Verlag).
Begriffsbild / Fachtext / Fachunterricht / Naturwiss / Politik / Unterrichtsmeth / Übungsformen / Wirtsch

928 LUCHTENBERG, Sigrid 1992: Fachsprache im Unterricht mit Aussiedlerkindern. In: Edith Glumpler / Uwe Sandfuchs u.a. (Hgg.): Mit Aussiedlerkindern lernen. Braunschweig (Westermann), 147-160.
Curriculum / Lehrmat / Systemeigensch / Unterrichtsmeth / Pragmatik

929 REUTER, Ewald 1997: Mündliche Kommunikation im Fachfremdsprachenunterricht. Zur Empirisierung und Reflexivierung mündlicher Kommunikations-trainings. (= Studium DaF – Sprachdidaktik 12). München (Iudicium).
DaF / Diskursan / Fachtext / Forschmeth / Interkult / mündl Fachkomm / Unterrichtsmeth

930 SCHILLING, Irmgard (Hg.) 1967: Linguistische und methodologische Probleme einer spezialsprachlichen Ausbildung. Materialien der Wiss. Konferenz d. Instituts f. Fremdsprachen d. Humboldt-Universität zu Berlin vom 13.-19. Okt. 1965. Halle/ Saale (VEB Max Niemeyer).
engl. / russ. / Semantik / Sprachvergleich / Syntax / Unterrichtsmeth / Morphosyntax

931 VÖGEDING, Joachim 1995: „Wenn in einen gesättigten Wasser Kochsalz gibt..." Zur Lernbarkeit naturwissenschaftlicher Fächer in der Fremdsprache Deutsch am Beispiel eines deutschsprachigen Chemieunterrichts in der Türkei (Istanbul Lisesi). (= Sammlung Groos 55). Heidelberg (Groos). [Zugl.: Darmstadt, Techn. Univ. Diss., 1995].
DaF / Fachkomm / Fachlexik / Fachunterricht / Unterrichtsmeth

932 WOLFF, Armin / SCHLEYER, Walter (Hgg.) 1997: Fach- und Sprachunterricht: Gemeinsamkeiten und Unterschiede. Studiengänge Deutsch als Fremdsprache: Von der Theorie zur Praxis. Beiträge der 22. Jahrestagung Deutsch als Fremdsprache vom 26.-28. Mai 1994 an der Rhein.-Westf. TH Aachen. (= Materialien DaF 43). Regensburg (Fachverband DaF).
Chemie / Fachkomm / Fachtextsort / Fachwissen / Lehrmat / Naturwiss / Sozialwiss / Textversteh

9.3.3 Terminologie- und Übersetzerausbildung

933 ARNTZ, Reiner / PICHT, Heribert 1995³: Einführung in die Terminologiearbeit. (= Studien zu Sprache und Technik 2). Hildesheim, Zürich, New York (Olms) [1. Aufl. 1989 u.d. Titel: Einführung in die übersetzungsbezogene Terminologiearbeit, Hildesheim (Olms)].
Biblio / Fach- u. Gemeinspr / Fachkomm / Fachlexikograph / Fachübers / Forschgesch / Systemeigensch / Terminologielehre / Terminologienorm

934 DOPLEB, Matthias 1997: Besonderheiten der Ausbildung von Fachübersetzern aus linguistischer und didaktischer Sicht. In: Fremdsprachen und Hochschule 53, 68-92.
Anwendkontext / Fachtextsort / Kulturspezifik / Terminologiearb

935 GÖPFERICH, Susanne 1997: Der Kommunikationsmittler im Wissenstransfer vom Fachmann zum Laien: Neue Aufgaben in der Übersetzerausbildung. In: H.-W. Drescher (Hg.): Übersetzen – Dolmetschen – Interkulturalität. 50 Jahre Fachbereich Angewandte Sprach- und Kulturwissenschaft der Johannes Gutenberg-Universität Mainz in Germersheim. Frankfurt a.M. u.a. (Lang), 153-174.
Fachtextsort / Fachübers / Fach- u. Gemeinspr / Unterrichtsmeth / Wissenstransf

936 PETIOKY, Viktor 1991³: Fachsprachen in der Übersetzer- und Dolmetscherausbildung. In: Volker Kapp (Hg.): Übersetzer und Dolmetscher.Theoretische Grundlagen, Ausbildung und Berufspraxis. (= UTB 325). Tübingen (Francke), 109-122. [1. Aufl. 1974, Heidelberg (Quelle & Meyer)].
Ausbildungsmodelle / Fachtext / Fachübers / Fach- u. Gemeinspr / Terminologie / Unterrichtsmeth

937 SANDRINI, Peter 1997: Terminologieausbildung im Curriculum für Sprachmittler. In: Eberhard Fleischmann u.a. (Hgg.): Translationsdidaktik. Grundfragen der Übersetzungswissenschaft. Tübingen (Narr) 1997, 497-506.
Curriculum / Fachübers / Terminologielehre

10 Diachrone Fachsprachenforschung

10.1 Forschungskonzepte, Gesamt- und Überblicksdarstellungen

1001 ASSION, Peter 1973: Altdeutsche Fachliteratur. (= Grundlagen der Germanistik 13). München, Berlin, Bielefeld (Schmidt).
Biblio / Def / Fachprosa / Forschgesch / Forschmeth

1002 EIS, Gerhard 1967²: Mittelalterliche Fachliteratur. Stuttgart (Metzler).
Fachprosa / Fachtextsort / Forschmeth / Biblio

1003 HAAGE, Bernhard Dietrich 1998: Anwendungsmöglichkeiten und bisherige Anwendung von philologisch-historischen Methoden bei der Erforschung der Fachsprachen der Artes. In: ⇨ 138, Bd. 14.1, 269-277.
Artesliteratur / Biblio / Fachlexik / Forschgesch

1004 HELLER, Dorothee 1997: „Wörter und Sachen" – Grundlagen einer Historiographie der Fachsprachenforschung. (= FFF 43). Tübingen (Narr).
Fachlexik / Fach- u. Gemeinspr / Forschmeth / Kognition / Terminologielehre

1005 KALVERKÄMPER, Hartwig 1994: Diachrone Fachsprachenforschung - Plädoyer für eine Öffnung in neue Perspektiven. In: ⇨ 151, 15-31.
Fachtextsort / Forschgesch / Forschmeth / Kulturspezifik / Wissenschaftsspr /

1006 KEIL, Gundolf u.a. (Hgg.) 1982: Fachprosa-Studien. Beiträge zur mittelalterlichen Wissenschafts- und Geistesgeschichte. Berlin (Schmidt).
Fachlexik / Fachprosa / Fachtext / Forschgesch / Wissenschaftsspr

1007 KEIL, Gundolf / MAYER, Johannes G. 1998: Germanistische Forschungen zur mittelalterlichen Fachprosa (Fachliteratur): ein historischer Überblick. In: ⇨ 138, Bd. 14.1, 348-354.
Def / Forschgesch

1008 SCHRADER, Norbert 1990: Termini zwischen wahrer Natur und willkürlicher Beziehung. Exemplarische Untersuchungen zu Theorie und Praxis historischer Wissenschaftssprache. (= RGL 105). Tübingen (Niemeyer).
Fachbegriff / Fach- u. Gemeinspr / Fachlexik / Fachlichkeit / Fachstil / Recht

1009 SEIBICKE, Wilfried 1985: Fachsprachen in historischer Entwicklung. In: Werner Besch u.a. (Hgg.): Sprachgeschichte. Ein Handbuch zur Geschichte der deutschen Sprache und ihrer Erforschung. 2. Halbbd., Berlin, New York (de Gruyter), 1998-2008.
Fachlichkeit / Fachprosa / Forschgesch / Geisteswiss / Naturwiss / Technolekte

10.2 Einzelarbeiten (vom Mittelalter bis zur Neuzeit)

1010 BARKE, Jörg 1991: Die Sprache der Chymie. Am Beispiel von vier Drucken aus der Zeit zwischen 1574-1761. (= RGL 111). Tübingen (Niemeyer). [mit Wörterbuch zu den behandelten alchemistisch-chemischen Fachtexten, 167-432].
Chemie / Fachlexik / Fachlexikograph / Forschgesch / Syntax

1011 VAN BENTHEM, Barbara 1995: Die laienmedizinische Fachsprache im Spiegel therapeutischer Hausbücher des 18. Jahrhunderts. (= Göppinger Arbeiten zur Germanistik 612). Göppingen (Kümmerle).
Fach- u. Gemeinspr / Fachtextan / Fachtextsort / Forschmeth / Medizin / Sprhandeln / Wissenstransf

1012 DÖRING, Brigitte / EICHELER, Birgit 1996: Sprache und Begriffsbildung in Fachtexten des 16. Jahrhunderts. (= Wissensliteratur im Mittelalter 24). Wiesbaden (L. Reichert).
Begriffsbild / Fachtextan / Funktiolekt / Korpusan / Medizin / Morphosyntax / Recht / Theologie / Wissenstransf

1013 DRÖGE, Kurt 1978: Die Fachsprache des Buchdrucks im 19. Jahrhundert. Lemgo (F. L. Wagener).
Fachlexik / Fachstil / Forschgesch / Morphosyntax / Technik

1014 DUBOIS, Jean 1963: Le vocabulaire politique et social en France, de 1869 à 1872. A travers les oeuvres des écrivains, les revues et les journaux. Paris (Larousse). [mit Glossar 199-444].
Fachlexik / Fachlexikograph / franz. / Morphosyntax / Politik / Semantik

1015 GUNNARSSON, Britt-Louise 1992: Studies in language for specific purposes. (=FUMS Rapport 163 [TeFa 2]). Uppsala (Uppsala Universitet).
Biblio / Fachkomm / Fachtextan / Forschmeth / Recht / schwedisch

1016 VON HAHN, Walther 1971: Die Fachsprache der Textilindustrie im 17. und 18. Jahrhundert. (= Technikgeschichte in Einzeldarstellungen 22). Düsseldorf (VDI-Verlag) [Wortschatzliste 131-241].
Fachlexik / Fachstil / Weberei

1017 HUNDT, Markus 1995: Modellbildung in der Wirtschaftssprache. Zur Geschichte der Institutionen- und Theoriefachsprachen der Wirtschaft. (= RGL 150). Tübingen (Niemeyer).
Begriffsbild / Binnendifferenz / Def / Fachtextan / Fachtextsort / Forschgesch / Institution / Kognition / Metaphorik / Wirtschskomm

1018 JAKOB, Karlheinz 1991: Maschine, Mentales Modell, Metapher. Studien zur Semantik und Geschichte der Techniksprache. (= RGL 543). Tübingen (Niemeyer).
Def / Begriffsbild / Fachlexik / Fach- u. Gemeinspr / Metaphorik / Technolekte

1019 KEHR, Kurt 1964: Die Fachsprache des Forstwesens im 18. Jahrhundert. Eine wort- und sachgeschichtliche Untersuchung zur Terminologie der deutschen Forstwirtschaft. (= Beitr. z. Dt. Philologie, 32). Giessen (Schmitz).
Def / Fachlexik / Forstwirtschaft / Morphosyntax / Semantik

1020 KUHN, Michael 1996: De nomine et vocabulo. Der Begriff der medizinischen Fachsprache und die Krankheitsnamen bei Paracelsus (1493-1541). (= Germanische Bibl. N.F., 3. Reihe, 23). Heidelberg (C. Winter).
Biblio / Def / Fach- u. Gemeinspr / Fachbegriff / Medizin / Nomenklatur

1021 MENZEL, Wolfgang W. 1996: Vernakuläre Wissenschaft. Christian Wolff's Bedeutung für die Herausbildung und Durchsetzung des Deutschen als Wissenschaftssprache. (= RGL 166). Tübingen (Niemeyer).
Kognition / Institution / lateinisch / Sprachtheorie / Wissenschaftsspr / Wissenstransf

1022 OLSCHKI, Leonardo 1919-1927: Geschichte der neusprachlichen wissenschaftlichen Literatur. 3 Bde., I.: Die Literatur der Technik und der angewandten Wissenschaften vom Mittelalter bis zur Renaissance. Heidelberg (Winter [1919]), II.: Bildung und Wissenschaft im Zeitalter der Renaissance in Italien. Leipzig, Firenze, Roma, Genève (Olschki [1922]), III.: Galilei und seine Zeit. Halle/ Saale (Niemeyer [1927]) [Reprint Vaduz 1965 (Kraus Reprint)].
Fachstil / Fachprosa / Terminologie / Wissenschaftsspr / Wissenstransf

1023 PÖRKSEN, Uwe 1994: Wissenschaftssprache und Sprachkritik. Untersuchungen zu Geschichte und Gegenwart. (= FFF 22). Tübingen (Narr).
Fachstil / Kognition / lateinisch / Terminologie / Wissenschaftsspr

1024 POPPE, Erich 1983: Fachsprache und Grammatikographie im 18. Jahrhundert Ein Beitrag zur Geschichte der Terminologielehre. In: Historiographia Linguistica 10, 3, 209-239.
Begriffsbild / Semantik / Sprachwiss / Terminologie

1025 SCHIRMER, Alfred 1991: Wörterbuch der deutschen Kaufmannssprache auf geschichtlichen Grundlagen. Neudruck der Ausgabe Straßburg: Trübner 1911, mit einem Nachwort von Dieter Möhn. Berlin, New York (de Gruyter).
Fachlexikograph / Forschgesch / Sprachgesch / Wirtsch

1026 SCHRÖTER, Kirsten 1998: Die Terminologie der italienischen Buchdrucker im 15. und 16. Jahrhundert. Eine wortgeschichtliche Untersuchung mit besonderer Berücksichtigung von Venedig. (= Beihefte zur Zeitschr. für Romanische Philologie 290). Tübingen (Niemeyer). [mit Glossar].
Druckgewerbe / Fachlexikograph / ital. / Korpusan / Terminologie

1027 THISSEN, Rudolf 1970: Die Entwicklung der Terminologie auf dem Gebiet der Sozialhygiene und Sozialmedizin im deutschen Sprachgebiet bis 1930. (= Forschungsberichte des Landes Nordrhein-Westfalen 2050). Köln (Opladen).
Begriffsbild / Binnendifferenz / Fachlexik / Institution / Medizin

1028 YLÖNEN, Sabine 1993: Stilwandel in wissenschaftlichen Arbeiten der Medizin. Zur Entwicklung der Textsorte „Originalarbeiten“ in der deutschen Medizinischen Wochenschrift von 1884 bis 1989. In: ⇨ 342, 81-98.
Fachtextsort / Forschmeth / Kontrastivling / Korpusan / Medizin

C. Register

Autorenregister

M

N

O

P

Q

R

S

T

V

W

Y

Z